Seine Entdeckungen haben viele alte Anschauungen in der Physik und Astronomie umgestoßen. Dennoch wird Galilei im Juni 1633 vor einem furchtbaren Gericht, der Inquisition, angeklagt. Dieses Gericht erhebt den Anspruch, auf Erden himmlische Gerechtigkeit zu schaffen. Und Galilei hat die alten Vorstellungen über den Himmel in Frage gestellt.

Dank des Fernrohrs, das er etwa 24 Jahre vorher entwickelt hatte, gelang Galilei die Entdeckung, daß die Planeten Körper wie die Erde sind, daß die Venus Phasen wie der Mond hat, was es mit den Sonnenflecken auf sich hat und daß der Jupiter von Trabanten umgeben ist. Aber vor allem unterstützt Galilei die Theorie von Nikolaus Kopernikus, nach der die Erde sich um die Sonne dreht.

Bis dahin hat man im christlichen Europa geglaubt, daß die Erde unbeweglich im Zentrum des Universums stehe. Zur Zeit Galileis ist es gefährlich, die kopernikanische Lehre zu unterstützen, weil sie im Widerspruch zur Heiligen Schrift steht. Nicht zuletzt wegen seines Eintretens für diese Hypothese wurde der Philosoph Giordano Bruno 33 Jahre zuvor bei lebendigem Leibe verbrannt.

Dienstag, 21. Juni 1633. In Rom drängt sich eine dichte Menschenmenge vor dem Papstpalast. Galilei ist soeben vor das Gericht getreten. Gegen ihn wird die schwerwiegendste Anklage seiner Zeit erhoben: die der Häresie. Seit zwei Monaten verteidigt er sich, argumentiert, belegt Punkt für Punkt, daß er das, was er vorbringt, beweisen kann. Er betont, daß seine Wahrheit sichtbar ist, daß seine Gründe

zwingend sind. Er ist kein Ketzer, sondern gläubig. Aber sein Verstand fordert Wahrheit und Genauigkeit. Galilei kann nicht glauben, daß, was real ist, im Widerspruch zu Gott stehen könnte. In der Anklage steht die Frage: „Hat besagter Galilei, und seit wie langer Zeit etwa, behauptet, daß die Sonne im Zentrum stehe und daß die Erde nicht im Zentrum sei, sondern in täglicher Bewegung?“

Galilei erkennt die Bedrohung. Er bekennt sich nicht mehr offen zur kopernikanischen Lehre: „Ich teile nicht und habe niemals die Ansichten von Kopernikus geteilt, seitdem man mich offiziell aufgefordert hat, sie aufzugeben. Ansonsten lege ich mein Leben in Ihre Hände. Machen Sie mit mir, was Ihnen gefällt…" Die Richter befehlen Galilei, die ganze Wahrheit zu sagen, sonst soll

er der Folter unterworfen werden. „Wir stimmen zu, daß du von diesen Strafen und Urteilen befreit bist, vorausgesetzt, daß du zuerst, mit aufrichtigem Herzen und nicht erheucheltem Glauben, den verwünschten Irrtümern und Irrlehren, die der katholischen und apostolischen Kirche widersprechen, vor uns abschwörst, sie verfluchst und verdammst.“

Es ist zu spät für kleine Zugeständnisse. Galilei muß ohne Vorbehalte abschwören. In seinem „Gefängnis" hallen die Worte des Richters noch in ihm nach. Galilei ist hin und her gerissen. Er weiß, worin die Strafen, die ihm das Gericht androht, bestehen: die Folter für ihn, das Verbot für seine Bücher. Galilei weiß, was seine Richter ihm damit androhen.

Seine Freunde haben ihm geraten, sich zu unterwerfen, sich zu verstellen. Morgen ist der letzte Prozeßtag, der Tag der Urteilsfindung. Die Wahl fällt Galilei schwer: Er kann entweder auf seinen – wie er weiß richtigen – Aussagen bestehen. Das würde ihn das Leben kosten. Oder er kann lügen – um den Preis seines Seelenfriedens.

Mittwoch, 22. Juni 1633. Galilei hat das weiße Hemd des Büßers angezogen. Die Kardinäle verlangen von ihm, daß er sich niederkniet. Er tut es und sagt: „Ich bin Galileo Galilei, der Sohn des verstorbenen Vincenzio Galilei, Florentiner, 70 Jahre alt. In Erwägung der Tatsache, daß das Heilige Offizium mir den Befehl erteilt hat, die falsche Ansicht aufzugeben, nach der die Sonne im Zentrum der

Welt steht und unbeweglich ist, während die Erde nicht im Zentrum der Welt steht und beweglich ist, komme ich mit aufrichtigem Herzen und nicht erheucheltem Glauben, um die obengenannten Irrtümer und Irrlehren abzuschwören, zu verfluchen und zu verwünschen. Ich, Galilei, habe abgeschworen und mit eigener Hand unterschrieben.“ Damit verleugnet Galilei das Werk seines Lebens.

Jean-Pierre Maury wurde am
23. September 1937 geboren. Er ist heute Dozent
für Physik an der Universität Paris und hat bereits
mehrere physikalische Aufsätze und eine Reihe
von populärwissenschaftlichen Büchern zu verschiedenen
Themen der Physik veröffentlicht.

Deutsche Textfassung: Annette Fiebig
Wissenschaftliche Bearbeitung:
Michael Schütz, Diplomphysiker

CIP-Titelaufnahme der Deutschen Bibliothek

Galileo Galilei – Und sie bewegt sich doch! /
Jean Pierre Maury. [Dt. Textfassung: Annette Fiebig. Wiss. Bearb.:
Michael Schütz]. – Dt. Erstausg. –
Ravensburg: Maier, 1990
(Abenteuer Geschichte; Bd. 8)
Einheitssacht.: Galilée, le messager des étoiles <dt.>
ISBN 3-473-51008-4
NE: Maury, Jean Pierre [Mitverf.]; Schütz, Michael [Bearb.]; EST; GT

ABENTEUER GESCHICHTE

Deutsche Erstausgabe als Ravensburger Taschenbuch

Die Originalausgabe erschien unter dem Titel
„Galilée, le messager des étoiles“

Redaktion der deutschen Fassung: Martin Sulzer

Satz: Eduard Weishaupt, Meckenbeuren
Printed in Italy by Soc. Editoriale Libraria

5 4 3 2 94 93 92 91

ISBN 3-473-51008-4

GALILEO GALILEI
Und sie bewegt sich doch!

Jean-Pierre Maury

Otto Maier Ravensburg

ERSTES KAPITEL

DER PROFESSOR AUF DEN KAIS

Venedig, Mai 1609. Im Arsenal, wo die Arbeiter die Schiffe bauen, die alle Schätze der Welt nach Venedig bringen, herrscht ein riesiges Durcheinander von Masten und Tauen. Mitten in diesem Getriebe geht ein Mann umher, beobachtet, macht Notizen, stellt Fragen. Jeder im Arsenal kennt ihn: Sein Name ist Galileo Galilei.

Seitdem es von der genuesischen Konkurrenz befreit ist, beherrscht Venedig den Handel zwischen Europa und dem Orient: Gewürze, Zucker, Baumwolle, Seide und kostbare Hölzer kommen auf venezianischen Schiffen nach Europa.

Um Schiffe herzustellen, benötigt man Maschinen – Flaschenzüge, Winden und Rollen –, die es ermöglichen, große Gewichte zu bewegen. Alle diese Maschinen werden von Menschen betrieben. Man läßt Schiffe über schiefe Ebenen zu Wasser oder zieht sie aufs Trockene. Im 17. Jahrhundert gibt es, abgesehen von Ochsen oder Pferden, die man im *Arsenal* * aber kaum einsetzt, nur den „Motor" der Menschenkraft. Die Funktionsweise der Maschinen ist Teil der „Mathematik", die Galilei neben der Lehre vom Festungsbau und der *Astronomie* seinen Studenten an der Universität von Padua, 30 km von Venedig entfernt, beibringen muß.

Galilei ist kein Professor wie die anderen.

Es wäre auch heute noch erstaunlich, wenn ein Universitätsprofessor auf eine Baustelle ginge, um eine Maschine zu beobachten, deren Funktionsweise Thema seiner Vorlesung ist. Zur Zeit Galileis aber ist das fast undenkbar. Für alle seine Kollegen hat die Welt der Arbeit, der Handwerker oder der Seeleute nichts mit derjenigen der Universität zu tun. In ihren Vorlesungen kommentieren sie nur die Werke antiker Autoren, vor allem die des Aristoteles, der im 4. Jahrhundert v. Chr. lebte.

Doch Galilei denkt anders: Er ist der Meinung, daß die physikalischen Gesetze durch Experimente begründet werden müssen. Und wenn die Experimente, die er unternimmt, Aristoteles widersprechen, zögert er nicht, die Lehre des Griechen in Frage zu stellen. Schließlich ist die Tatsache, daß die Wissenschaft seit 2000 Jahren kaum Fortschritte gemacht hat, kein Grund, auf neue Ideen und Methoden zu verzichten.

In der Technik kommt es dagegen sehr wohl zu Fortschritten: Das wird gerade im Arsenal deutlich. So bemerkt Galilei z.B. eine Verbesserung an einem Flaschen-

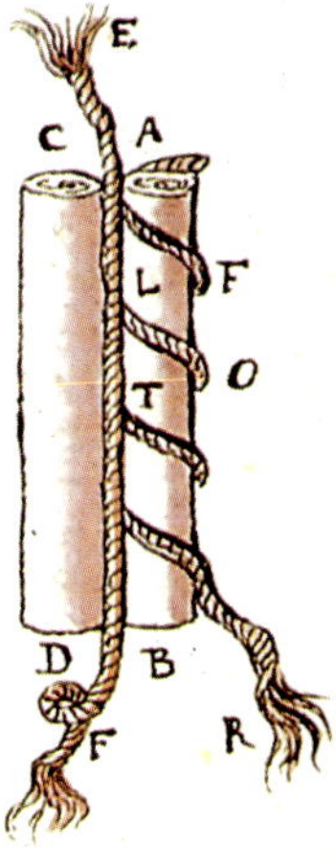

Das Arsenal von Venedig ist ein staatliches Unternehmen, das von der Republik verwaltet wird. Nahezu 1 500 Arbeiter sind dort beschäftigt, für das 16. Jahrhundert eine ungeheure Zahl. Hier werden sowohl die Kriegsschiffe der Republik als auch ihre Handelsflotte gebaut. Die Schiffe sind mit Lateinsegeln betakelt, aber die meisten besitzen auch Ruder: Im Jahr 1571 schickt Venedig 80 Galeeren in die Schlacht von Lepanto. Das abgebildete, im Bau befindliche Schiff ist eine Kampfgaleere. Handelsschiffe liegen viel höher über dem Wasser und sind viel bauchiger, um die Kapazität der Laderäume zu erhöhen.

zug: eine Bremse, einen Klotz mit einer spiralförmigen Furche, durch die das Tau läuft.

Galilei interessiert sich dafür, wie die Bremse arbeitet. Daher zeichnet er den Klotz ab, um sich über seine Funktion klarzuwerden. Er ist ein guter Zeichner und wird sogar von den venezianischen Künstlern als solcher anerkannt und geschätzt.

Am Abend dieses Tages ist Galilei zu einem Empfang im Palazzo Morosini eingeladen. Er entschließt sich, zu Fuß dorthin zu gehen. Es ist ein charakteristischer Zug an ihm, daß er das Leben um sich herum genau beobachtet und bewußt wahrnimmt.

Die Hafenstadt Venedig ist von Fischern und Seeleuten geprägt. Überall werden Netze geflickt, Segel instand gesetzt und Boote zum Auslaufen fertiggemacht. Matrosen aus aller Herren Länder verladen Waren auf die Schiffe

Die Zeichnung eines Flaschenzugs (links unten), die wahrscheinlich von Galilei stammt, erscheint auf einer Seite seiner „Unterredungen über zwei neue Wissenschaften" (1638). Der Flaschenzug ist ein Apparat aus zwei Systemen von Rollen, mit dessen Hilfe man ohne große Anstrengung beachtliche Gewichte heben kann.

* *kursive Begriffe* **siehe Glossar Seite 163.**

In Venedig spielen sich Feste und offizielle Empfänge zum großen Teil auf dem Wasser ab. Dann liegen zahlreiche Prunkschiffe im Hafen. Dieses Gemälde aus der Zeit Galileis zeigt die Ankunft Andrea Morosinis in Venedig. Bei solch großartigen Ereignissen werden selbst die Hochseeschiffe nur gerudert. Daher kann man deutlich die Masten und die großen Rahen ihres Takelwerks unterscheiden. Dennoch sind solche prunkvollen Wasserfeste der letzte Glanz einer Herrlichkeit, die im Untergang begriffen ist. Die Wirklichkeit sieht ganz anders aus: Zu Beginn des 17. Jahrhunderts hat die berühmte Flotte, die drei Jahrhunderte lang die großen Handelsstraßen kontrollierte, den Höhepunkt ihrer Macht überschritten. Mit der Entdeckung des Seewegs in den Fernen Osten und der amerikanischen Kontinente haben sich die großen Wege des Welthandels vom Mittelmeer zum Atlantik verlagert. Der venezianische Handel wird damit unbedeutend. Im Jahr 1609 klagt der Kapitän einer Galeone, daß „die Schiffe Venedigs, die früher so zahlreich zur Stadt drängten, besonders die großen, heute verschwunden sind“.

Das beginnende 17. Jahrhundert ist die hohe Zeit der Laute, des Instruments, das drei Jahrhunderte früher von den Arabern nach Europa eingeführt worden ist. Trotz ihrer Größe ist sie ein äußerst leichtes Instrument, was es dieser Dame (links) ermöglicht, ohne sichtbare Anstrengung zu spielen. Lauten, die in Bologna hergestellt werden, sind lange Zeit ohne Konkurrenz. Am Ende des 16. Jahrhunderts werden sie von Instrumenten aus Padua und Venedig verdrängt. Die Partituren für Laute sind bis etwa 1600 nahezu alle italienischer Herkunft.

oder verstauen sie in den zahllosen Lagerhäusern. Und an jeder Ecke stehen Kisten und Stoffballen.

Von Stoffen versteht Galilei etwas. Sein Vater war Tuchhändler in Pisa, doch daneben auch ein begabter Musiker und Komponist. Er verfaßte unter anderem eine Reihe von Büchern über die Harmonielehre. Und nicht zuletzt erlernte Galilei von ihm das Lautenspiel.

Für das letzte Stück des Wegs nimmt Galilei die Gondel und kommt am Wassertor des Palastes an. Die Empfänge bei Andrea Morosini sind weithin berühmt. Reisende aus ganz Europa treffen sich dort und tauschen

Von den Arabern im 11. Jahrhundert erfunden, sind die ersten Brillen dazu bestimmt, „den Alten die Jugend ihres Blickes wiederzugeben". Es handelt sich um Sammellinsen für Weitsichtige. Streulinsen für Kurzsichtige werden erst im 16. Jahrhundert entwickelt.

sich über die politischen und wissenschaftlichen Entwicklungen aus. Auch Galilei ist dort oft zu Gast.

Auf dem Empfang trifft er seinen Freund Paolo Sarpi, einen *Kleriker* und Historiker, der Mitglied des *Zehnerrats* ist. Sarpi berichtet ihm von den letzten Machenschaften der Jesuiten, die Unabhängigkeit Venedigs vom Kirchenstaat zu beschneiden.

Doch die wichtigste Nachricht, die Galilei an diesem Abend im Mai 1609 erhält, stammt aus Holland: Dort hat ein Optiker namens J. Lipperdey zwei Linsen an den beiden Enden einer Röhre angebracht und damit das Fernrohr erfunden.

Galilei mit 30 Jahren. Dieser Stich (oben) wird um 1595 nach einem Gemälde, dem ersten Bild von dem Gelehrten, angefertigt. Es ist Eigentum seines Schülers Viviani, der später zusammen mit Evangelista Torricelli das Barometer erfindet.

Für alle Gelehrten ist das Fernrohr ein Spielzeug ohne Zukunft. Galilei teilt ihre Ansicht nicht.

Das Fernrohr gibt es bereits seit fünf Jahren. Zuerst von holländischen Optikern angefertigt, hat es sich allmählich verbreitet. Im Jahr 1608 kann man es bei Pariser Optikern schon kaufen. Aber diese Fernrohre, die aus zwei Brillengläsern hergestellt sind, haben nicht einmal als Spielzeug viel Erfolg: Sie vergrößern nur zwei- bis dreifach, und die Gegenstände erscheinen darin unscharf und verzerrt.

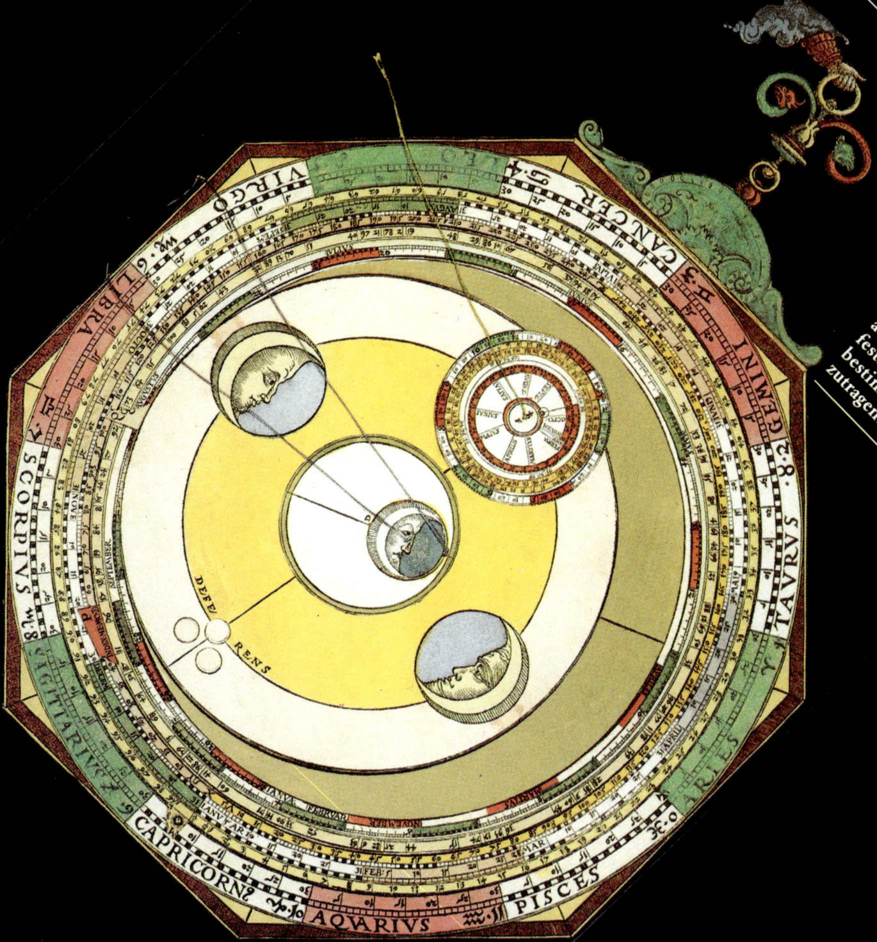

Alte astronomische Instrumente

Dieses Instrument aus dem 16. Jahrhundert heißt „Volvelle". Es diente dazu, die Dauer des Tages zu bestimmen und die astronomische Stunde festzusetzen, in der sich bestimmte Ereignisse zutragen.

Die Astronomie vor der Erfindung des Fernrohrs

Diese Volvelle diente zur Bestimmung von Mondfinsternissen.

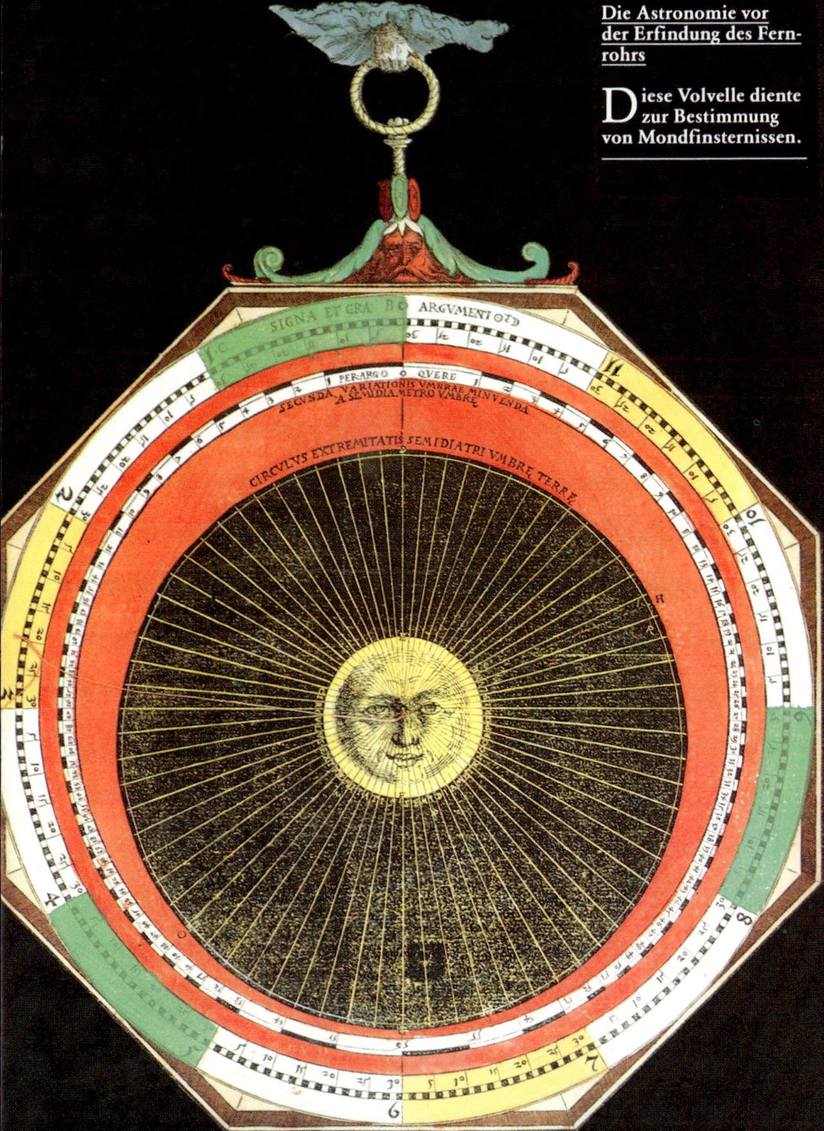

Die Tierkreiszeichen

Man findet sie fast immer auf dem äußeren Kreis. Auf diesem Instrument weisen der Kopf und der Schwanz des Drachens auf die auf- und absteigenden Knoten der Mondbahn hin.

Ein geistreiches Verfahren

Ein System von drehbaren Kreisen erlaubte es, die Positionen der Planeten zu jedem Zeitpunkt zu bestimmen. Mit diesem Instrument konnte man die Position des Saturn im Tierkreis vom Jahr 7000 v. Chr. bis 7000 n. Chr. ermitteln.

Die Leute verlieren schnell das Interesse daran. Doch wie kommt es, daß die holländischen und französischen Wissenschaftler, die von dem Fernrohr gehört haben, nicht vorhersehen, welche Möglichkeiten es bietet? Die Antwort ist verblüffend: Für sie ist kein optisches Instrument von Interesse. Es gilt sogar als schädlich, da es nur „Illusionen", „Täuschungen ohne Bezug zur Wirklichkeit" hervorrufe.

Galilei kennt nur eine vage Beschreibung des Fernrohrs, als er sich daran macht, selbst eines zu bauen. Zum einen ist für ihn das Experiment das erste Mittel, um physikalische Gesetze zu entdecken und zu überprüfen, zum anderen interessiert er sich für die Technik. Daher hat er nicht dieselben Vorurteile wie seine Kollegen.

Er untersucht nicht nur die diversen Maschinen im Arsenal. Seit einigen Jahren hat er eine Reihe von physikalischen und mathematischen Instrumenten entwickelt und gebaut, besonders einen geometrischen und militärischen *Zirkel*, dank dem man allerlei Berechnungen und Konstruktionen anstellen kann. Außerdem hofft Galilei, mit dem Fernrohr endlich genug Geld verdienen zu können. Sein Professorengehalt ist sehr gering: zehnmal kleiner als das des Medizinprofessors an derselben Universität. Er hat drei Kinder, von denen das jüngste erst knapp drei Jahre alt ist. Und nach dem Tod seines Vaters muß er die ganze Familie, die noch in der Toskana lebt, unterhalten. So stattet er z.B. seine viel jüngeren Schwestern mit einer Mitgift aus, ohne die sie niemals hätten heiraten können.

Daher gibt Galilei reichen Studenten, häufig Ausländern aus adligen Familien, Privatstunden. Die Mehrzahl von ihnen wohnt bei ihm, manchmal mit einem Diener. Wenn man den Arbeiter Marcantonio, der den geometrischen Zirkel herstellt, dazunimmt, Galileis Familie, den Sekretär, der die Texte für die Schüler kopiert, und eine Anzahl von Dienstboten, dann hat man eine

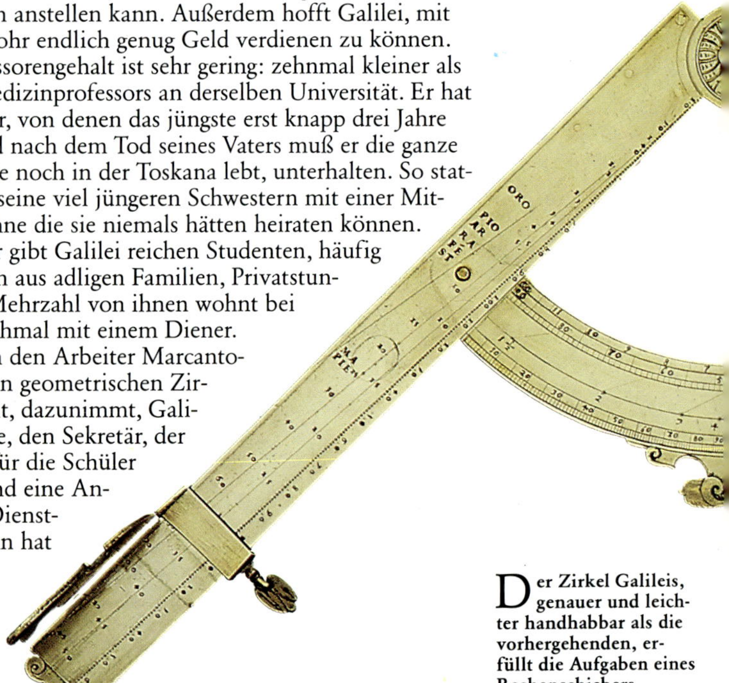

Der Zirkel Galileis, genauer und leichter handhabbar als die vorhergehenden, erfüllt die Aufgaben eines Rechenschiebers.

ungefähre Vorstellung von der Unruhe, die in seinem Haus in Padua herrscht.

Außerdem fehlt es Galilei stets an Zeit: Er hält nicht nur öffentliche Vorlesungen an der Universität, sondern muß auch alle Unterlagen dafür selbst verfassen, da es noch keine Lehrbücher gibt, in denen die Studenten den behandelten Stoff nachlesen können.

Dennoch gelingt es ihm, innerhalb von 17 Jahren eine Vielzahl von Experimenten zu machen und wichtige Gesetze – vor allem beim Studium der Bewegung – zu entdecken. Aber er findet nie die Zeit, ein Buch darüber zu schreiben. Alles, was er bis dahin veröffentlicht hat, ist eine kleine Schrift, eine Gebrauchsanweisung für den geometrischen Zirkel. Seinen Freunden gegenüber beklagt er sich öfter, daß er nicht einmal Zeit zum Nachdenken habe.

Wenn das Fernrohr so viel einbrächte, daß er aufhören könnte, Privatstunden zu geben, hätte er endlich Zeit, um zu forschen und zu schreiben.

Aber er hat noch einen anderen, wichtigeren Grund, das Fernrohr zu konstruieren: Er will damit den Himmel beobachten.

Noch bevor das Fernglas existiert, konstruiert man schon astronomische Geräte ohne Gläser, mit denen man präzise Peilungen vornehmen und Winkel messen kann.

Zu Beginn des 17. Jahrhunderts schwelt in wissenschaftlichen Kreisen ein großer Streit. Dabei geht es um den Himmel: Die alten, seit 2000 Jahren unangetasteten Ideen werden durch eine neue Theorie in Frage gestellt, durch das *heliozentrische* Weltbild des Kopernikus.

SCENO
SYSTEMATIS
PTOLE
SEPTE NTRIO
POLVS ARCTICVS
CIRCVLVS ARCTICVS
COLVRVS SIVE COLV
AXIS ZO
TIORVM
AXIS
COLV
TROPICVS ÆSTIVUS SEV TROPI
ZODI
SATVRNVS
ÆQVATOR
MARS
LVNA
VENVS
ÆQVINO
OCCIDENS
MERIDIANVS
TROPICVS HYBERNVS SIVE TROPICVS
SOLSTI
MVNDI
RVS
DIACI
CIRCVLVS ANTARCTICVS
POLVS ANTARCTICVS
MERI DIES
MAR DI
INDIA
Capricorni
Tropicus
AETHIOPICVS
TERRA AVSTRALIS INCOG

Das ptolemäische Weltbild

Ptolemäus, der letzte große griechische Astronom, der im 2. Jahrhundert n. Chr. in Alexandria arbeitet, beschreibt in seinem Hauptwerk „Almagest“ insbesondere sein Weltsystem. Nach Ptolemäus befindet sich die Erde im Zentrum des Universums, umgeben von der Luft und dann vom Feuer. Nach den sieben Sphären der Planeten (zu denen er auch die Sonne zählt) trägt die achte die Sterne, die neunte ist kristallin, die zehnte bewegt sich. Dahinter folgt der Himmel, Wohnsitz Gottes und aller Seligen. Das „geozentrische“ System (von griech. gê = Erde) erhält durch ihn für Jahrhunderte Gültigkeit. Erst Nikolaus Kopernikus stellt es wieder in Frage.

SCENO
SYSTE
COPER
ZODIACVS ET SPHÆRA STELLARVM FIXARVM IMMO
CAN
CER
GEMI
NI
SEMITA SATVRNI QVI TRIGINTA ANNIS REVOLVITVR
VIA IOVIS SPATIO DVODECIM ANNORVM
IVPITER
CIRCVLVS MARTIS DVORVM ANNORVM
ÆQVINOCTIVM
VERNVM
SOLSTI
SCOR
PIVS
SAGIT
TARIVS

Das kopernikanische Weltbild

Nikolaus Kopernikus, 1473 in Polen geboren, studiert Mathematik an der Universität von Krakau – einer der ältesten in Europa –, dann in Bologna und Padua. Bereits 1506 glaubt er, daß die Sonne unbeweglich ist, daß die Erde sich ebenso wie die anderen Planeten um sie dreht und daß die Bewegung der Sterne nur scheinbar und durch die Drehung der Erde bedingt ist. Diese Ideen erklären viele Himmelsphänomene, aber sie stehen im Widerspruch zur Bibel, die der Erde das Zentrum des Universums zuweist. Das Buch des Kopernikus „De revolutionibus" erscheint erst 1543, seinem Todesjahr.

PLANISPHÆRIUM
Sive
MUNDI TOTIUS
TYCHONIS
PLANO
Prostant Amstelædami apud
GERARDUM VALK. et
PETRUM SCHENK.
CAPRI CORNUS
SAGIT
AQUA RIUS
PIS CES
ARI ES
TAU RUS
GE MINI
CAN
CIRCULUS IOVIS
IUPITER
CIRCULUS MARTIS
MARS
VENUS
MERCURIUS
CIRCULUS VENERIS
LUNA
SYSTEMA PLANETARUM SOLEM HUC DESCENDENTEM COMITANTIUM
MARS MARTIS CIRCUL
IUPITER IOVIS CIRCUL
SATURNUS SATURNI CIRC

Der „Kompromiß“ des Tycho Brahe

Der dänische Astronom Tycho Brahe verbindet in seinem Weltsystem Vorstellungen des ptolemäischen und des kopernikanischen Weltbilds: Die Erde steht zwar noch unbeweglich im Zentrum des Universums, aber die anderen Planeten drehen sich um die Sonne und begleiten sie auf ihrer Reise um die Erde. Obwohl Brahe nur über Visiergeräte ohne Gläser verfügt, gelingt es ihm, so genaue Tafeln über die Bewegung der Planeten anzufertigen, daß sie sein Assistent, Johannes Kepler, benutzen kann, um die allgemeinen Gesetze ihrer Bewegungen zu formulieren: die Keplerschen Gesetze.

ATLAS COELESTIS,
seu
HARMONIA
MACROCOSMICA.
Apud
G. VALK. et P. SCHENK.

ZWEITES KAPITEL

GALILEI, DER KOPERNIKANER

Galilei kennt und bewundert die Ideen von Kopernikus schon länger. 1597 schreibt er an den deutschen Astronomen Johannes Kepler: „Seit mehreren Jahren bereits habe ich mich zur Lehre des Kopernikus bekehrt. (...) Ich habe über diesen Gegenstand zwar Betrachtungen, Beweisführungen und Widerlegungen geschrieben, die ich aber nicht zu veröffentlichen wagte."

Auf dem Deckblatt eines Astronomiebuchs aus dem 17. Jahrhundert (links) kann man in den Händen einer aufrecht stehenden Person eine runde Scheibe erkennen, auf der das kopernikanische System dargestellt ist. Rechtes Bild: Kopernikus

So ist Galilei 1609 längst ein Anhänger der kopernikanischen Lehre. Er hat indes öffentlich noch nichts zu diesem Thema gesagt. Im Gegenteil, entsprechend dem Lehrplan der Universität lehrt er noch die alte Astronomie des Ptolemäus.

Es ist im 17. Jahrhundert gefährlich, die Lehren des Kopernikus öffentlich zu verbreiten, weil sie nicht nur Ptolemäus widersprechen, sondern auch den biblischen Texten: Dort steht die Erde ebenfalls unbeweglich im Zentrum des Universums, und die Sonne dreht sich um sie. Obwohl die Kirche die Theorie des Kopernikus nicht offiziell verboten hat, ist doch Giordano Bruno im Jahr 1600 zum Teil wegen seines Eintretens für die neue Lehre von der Inquisition in Rom auf dem Scheiterhaufen verbrannt worden – und das ist erst neun Jahre her.

Zwar führen noch andere Vorwürfe gegen Bruno zu seiner Verurteilung, und Galilei riskiert nicht gleich den Scheiterhaufen, wenn er öffentlich die neue Astronomie verteidigt. Aber er würde damit die Aufmerksamkeit der *Inquisition* erregen und sich auf einen heftigen Streit mit der Mehrzahl seiner Kollegen einlassen, die ihm schon jetzt nur schwer verzeihen, daß er die Autorität des Aristoteles nicht ohne weiteres anerkennt.

Galilei fürchtet weder Gefahren zu trotzen noch sich auf einen Streit einzulassen. Doch wenn er den Kampf aufnehmen muß, möchte er sich seiner Argumente sicher sein. Dafür wiederum muß er experimentieren. Er hat bereits ziemlich viele „Betrachtungen, Beweisführungen und Widerlegungen" angestellt, die auf keiner experimentell nachweisbaren Grundlage beruhen und die er deshalb „Schülerübungen" nennt.

Im Augenblick verfügt er über keinen Beweis, daß Kopernikus recht hätte.

Er selbst ist davon überzeugt, aber um auch die anderen zu überzeugen, braucht er Material – die Ergebnisse seiner Experimente.

In der Hoffnung, daß das Fernrohr ihm die gewünschten Argumente liefern wird, nimmt er sich vor, das Gerät selbst herzustellen und zu verbessern. Bald beginnen die Sommerferien. Gewöhnlich verbringt Galilei sie in Florenz, wo er den jungen Prinzen der Toskana, Cosimo de' Medici, unterrichtet. Aber in diesem Jahr ist Cosimo nach dem Tod seines Vaters Großherzog geworden: Er braucht keinen Unterricht mehr. Das verschafft Galilei Muße zu tun, was er möchte.

In der Hoffnung, daß das Fernrohr ihm die benötigten Beweise liefert, macht sich Galilei an seine Konstruktion.

Galilei wird sich schnell darüber klar, daß Fernrohre, die aus Brillengläsern hergestellt werden, noch keinen Nutzen haben. Um eine vernünftige Vergrößerung und ein scharfes Bild zu erreichen, braucht man spezielle Linsen. Eine davon muß leicht *konvex*, die andere stark *konkav* sein. Doch die Brillenschleifer in Venedig stellen nur Gläser her, die stark konvex und nur leicht konkav sind. Daher muß Galilei seine Linsen selbst zuschneiden und schleifen.

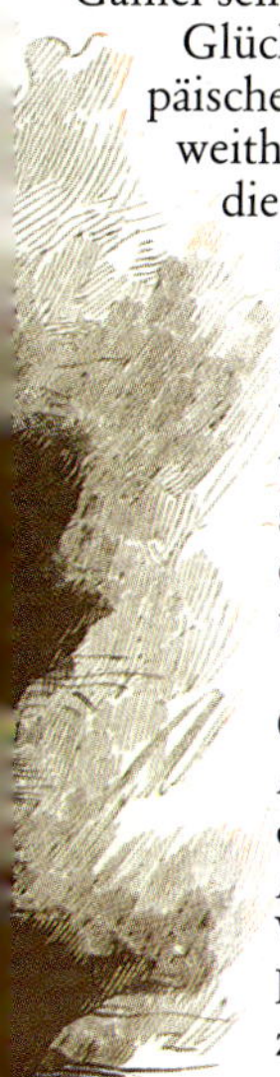

Glücklicherweise ist Venedig das Zentrum der europäischen Glasverarbeitung (venezianische Spiegel sind weithin berühmt), und so ist es kein Problem, sich die nötigen Schleif- und Poliermittel zu beschaffen. Bald gelingt es Galilei, ein Fernrohr mit sechsfacher Vergrößerung herzustellen (d.h. man sieht die Dinge, als ob sie sechsmal näher wären), ohne daß die Gegenstände unscharf oder verzerrt erscheinen (die meisten modernen Feldstecher vergrößern siebenfach). Im Vergleich zu den Fernrohren der Brillenmacher in Holland und Paris ist das ein enormer Fortschritt.

Durch seinen Erfolg ermutigt, macht sich Galilei wieder an die Arbeit und baut Anfang August ein Fernrohr, das neunfach vergrößert, ohne zu verzerren. Das ist der Durchbruch. Als die Regierung der Republik, die von den Versuchen Galileis gehört hat, von ihm eine Demonstration des neuen Fernrohrs verlangt, zögert er nicht.

Giordano Bruno (1548–1600), Dominikaner und Philosoph, wird 1576 der Häresie angeklagt. Er muß seinen Orden verlassen und ins Ausland fliehen. Einige Jahre später läßt er sich in Venedig nieder, doch man liefert ihn der römischen Inquisition aus, die ihn 1600, nach einem jahrelangen Prozeß, zum Tod auf dem Scheiterhaufen verurteilt. In seinen Büchern kritisiert Bruno Aristoteles, verteidigt das System des Kopernikus und geht sogar noch weiter: Er entwickelt die Vorstellung eines unendlichen Universums und erwägt die Möglichkeit, daß die Sterne andere Sonnen sind, um die möglicherweise andere bewohnte Planeten kreisen… Für die Kirche seiner Zeit sind solche Gedanken nicht tolerierbar.

Die Senatoren von Venedig sind von Galileis Fernrohr begeistert.

Am 21. August 1609 klettern die ehrwürdigen Senatoren auf die Spitze des nahezu 100 m hohen (das entspricht 30 Stockwerken) Campanile. Der Aufstieg ist mühsam, aber die Senatoren sollen ihn nicht bereuen. Denn was sie durch Galileis Fernrohr sehen, übertrifft alle ihre Erwartungen.

Es ist in der Tat erstaunlich: Die Kirche von Padua ist 32 km vom Campanile entfernt, aber durch das Fernrohr

„Indem wir ein Auge an das Fernrohr legten und das andere schlossen, sah jeder von uns deutlich die Kuppel und die Fassade der Kirche Sta. Giustina in Padua. Man konnte auch diejenigen unterscheiden, die in die Kirche S. Giacomo in Murano hineingingen, und diejenigen, die aus ihr herauskamen…"
Galileo Galilei

Wenn man im 16. Jahrhundert auch zwei vergrößernde Gläser so zu verbinden weiß, daß man eine kleine Vergrößerung erreicht, ahnt doch niemand, daß durch eine Kombination zweier Gläser, von denen für sich allein keines stark vergrößert, eine bessere Wirkung erzielt werden kann. Das ist jedoch genau das Prinzip des Fernrohrs von Galilei. Um ein Fernrohr zu bauen, das einen weit entfernten Gegenstand vergrößert, verwendet man als Objektiv eine leicht konvexe Linse, d.h. eine, die nur wenig vergrößert. Sie wird mit einer stark konkaven Linse kombiniert, die für sich genommen die Größe der fernen Gegenstände beträchtlich verringert.

scheint sie auf 3,5 km herangerückt zu sein. Und Murano, das 2,5 km vom Campanile entfernt liegt, bringt das Fernrohr auf 300 m heran. Das bedeutet, daß man auch die Gesichter der Menschen erkennen kann. Die Senatoren sind begeistert.

Galilei bietet sein Instrument der Republik Venedig an. Da die Senatoren sehen, welchen Nutzen das neue Instrument hat, zeigen sie sich sehr großzügig. Sie beschließen einstimmig, daß Galilei eine Professur auf Lebenszeit erhält, und verdoppeln sein Gehalt.

Damit hat Galilei schon viel erreicht. Innerhalb von vier Monaten hat ihn das Fernrohr berühmt gemacht, und er ist seine Geldsorgen zu einem guten Teil los. So kann er nun das Fernrohr für seine Beobachtungen und Experimente einsetzen. Er kehrt nach Padua zurück und beeilt sich, ein weiteres Fernrohr fertigzustellen. Dieses vergrößert nicht nur neun-, sondern zwanzigfach. Und nun will Galilei nicht mehr die Spaziergänger von Murano betrachten, sondern die Sterne.

In zahlreichen Nächten beobachtet Galilei den Himmel, entdeckt eine ungeahnte Zahl von unbekannten Welten. Jeder hat einmal davon geträumt, eine neue Insel

zu entdecken, den Fuß auf einen unberührten Strand zu setzen, als erster ein Tal, einen See oder ein Gebirge zu sehen, das auf keiner Karte verzeichnet ist. Nun entdeckt Galilei in vielen Nächten staunender Beobachtung durch das Fernrohr nicht nur eine Insel oder ein Gebirge, sondern ein neues Universum.

Schließlich macht er sich daran, seine Beobachtungen niederzuschreiben und zu publizieren. Bereits im März 1610 veröffentlicht er ein kleines lateinisches Buch, das die Gelehrten aller Länder über seine Entdeckungen informiert. Er gibt ihm den Titel „Sidereus Nuncius", der Sternenbote.

Auf diesem „Luftbild" von Venedig, das aus der Zeit Galileis stammt, erkennt man sehr gut das Arsenal (in der Mitte der rechten Seite) ebenso wie die Piazza San Marco mit ihrem Campanile (etwas links der Bildmitte).

PAX
TIBI
MAR
CE
EVAN
GELI
STA
MEVS

Venedig und das Fernrohr

In Venedig stellt Galilei das Fernrohr vor, das die gesamte Astronomie und Physik revolutioniert. Damit kann man sichtbare Beweise über das Universum, wie Kopernikus es sich vorstellt, erbringen. Im Jahr 1610 ist Venedig ein berühmtes geistiges Zentrum, das die Pracht, die Raffinesse und die Anmut der Künste der Renaissance zum idealen Rahmen für das Leben eines Künstlers oder Gelehrten macht. Galilei lebt jedoch nicht so lange in Venedig, das für ihn nur eine Durchgangsstation ist. Um an dieses Ereignis zu erinnern, hat man auf der Terrasse der Kathedrale von San Marco das von Galilei erfundene Fernrohr und einige Sitze im Stil seiner Zeit aufgestellt. Gegenüber vom Dogenpalast erhebt sich auf einer Säule der geflügelte Löwe des heiligen Markus, das Wahrzeichen der Republik Venedig. Im Hintergrund, hinter dem Löwen und dem Fernrohr, befindet sich die kleine Insel des Klosters San Giorgio.

Padua und die Instrumente des Gelehrten

Zu Beginn des 17. Jahrhunderts ist Padua wie das benachbarte Venedig eine Hochburg des intellektuellen Lebens. Seine berühmte Universität ist eine der ältesten Europas. In Padua spricht und diskutiert man frei, einzig um den Fortschritt der Wissenschaft bemüht. In einer Zeit, in der die Inquisition alle diejenigen ohne Gnade verfolgt, die abtrünnige (man sagt damals häretische) Äußerungen machen könnten, ist ein solcher Ort der Freiheit kostbar. Eingebettet in das intellektuelle und künstlerische Milieu, verbringt Galilei in Padua die 18 fruchtbarsten Jahre seines Lebens. Auf dem Holzkatheder stand vielleicht Galilei, wenn er an der Universität seine Vorlesungen hielt. Zu seiner Zeit gibt es weder Kreide noch Tafel, und der Professor bewegt sich nicht mehr als ein Kanzelredner. Auf einem Tisch sind Bücher und Instrumente zusammengestellt, die an die Tätigkeit Galileis in Padua erinnern: das Fernrohr, aber auch der geometrische Zirkel, ein Pendel, eine Sanduhr…

Pisa und die Steinkugeln

Galilei lebt im wesentlichen in drei Städten, in Pisa, Padua und Florenz, und jede hat sich bemüht, die Erinnerung an ihn zu bewahren. Zunächst Pisa, wo Galilei, aus einer wenig begüterten Familie niederen Adels stammend, 1564 geboren wird. Sein Vater handelt hier mit Stoffen. Zuerst schreibt sich Galileo an der medizinischen Fakultät ein, entdeckt aber in Pisa seine wahre Berufung, als er einer Mathematikstunde eines Freundes der Familie, Ostilio Ricci, beiwohnt. Der ist ein Schüler des berühmten Niccolò Tartaglia, einer der Mathematiker der Renaissance, die versuchen, die Mathematik auf die Technik anzuwenden. In Pisa soll Galilei – nach einem umstrittenen Brief seines Schülers Viviani – auch eines seiner berühmten Experimente durchgeführt haben, indem er von der Spitze des Schiefen Turms in Gegenwart der Professoren eine große und eine kleine Steinkugel fallen ließ, um zu zeigen, daß die große nicht schneller fällt als die kleine. Ein Paar solcher Kugeln kann man auf der Spitze des Turms in Pisa bewundern, ein weiteres in der Bibliothek, zusammen mit einem Brief Galileis über die Fallgesetze.

Florenz und das Alltagsleben

Galilei läßt sich am 1. November 1610 in Florenz nieder. Dort verbringt er die letzten 30 Jahre seines Lebens. Als sein Freund Gian Francesco Sagredo erfährt, daß Galilei Padua verlassen will, schreibt er ihm diese prophetischen Zeilen: „Die Freiheit (...), wo könnt Ihr sie wie in Venedig finden? Ihr befindet Euch zur Zeit in Eurem edlen Vaterland, aber Ihr habt einen Ort verlassen, an dem es Euch an nichts fehlte. Im Augenblick dient Ihr Eurem natürlichen Fürsten" – Galilei wurde ja im Großherzogtum Florenz geboren –, „einem großen Fürsten voll von Tugend, jung und von hervorragender Tüchtigkeit. Aber wer weiß, was die Weltereignisse hervorbringen können, unterstützt durch die Verleumdung der Menschen, die voll von Bosheit und Neid sind?" Galilei ahnt noch nicht, daß er in Florenz seine schlimmsten Jahre erleben soll: die seines Arrests. Man kann heute noch sein Haus auf dem Hügel von Arcetri besichtigen, einige Kilometer von der Stadt entfernt. Das Dorf hat sich natürlich verändert, und eine asphaltierte Straße verläuft vor dem Haus. Aber die Obst- und Weingärten dahinter dürften sich wenig von denen unterscheiden, die Galilei von seinem Fenster aus sah.

Drittes Kapitel

DER STERNENBOTE

Der erste Himmelskörper, auf den Galilei sein neues Fernrohr richtet, ist der Mond. Die offizielle Astronomie seiner Zeit lehrt, daß der Mond eine glatte Kugel sei, poliert wie aus Kristall. Nun aber sieht Galilei schon beim ersten Blick durch sein Fernrohr etwas ganz anderes.

Die beiden Fernrohre im Museum in Florenz sind von Galilei angefertigt worden. Ihr Durchmesser beträgt nicht mehr als 3 cm: Sie sind sehr lichtschwach.

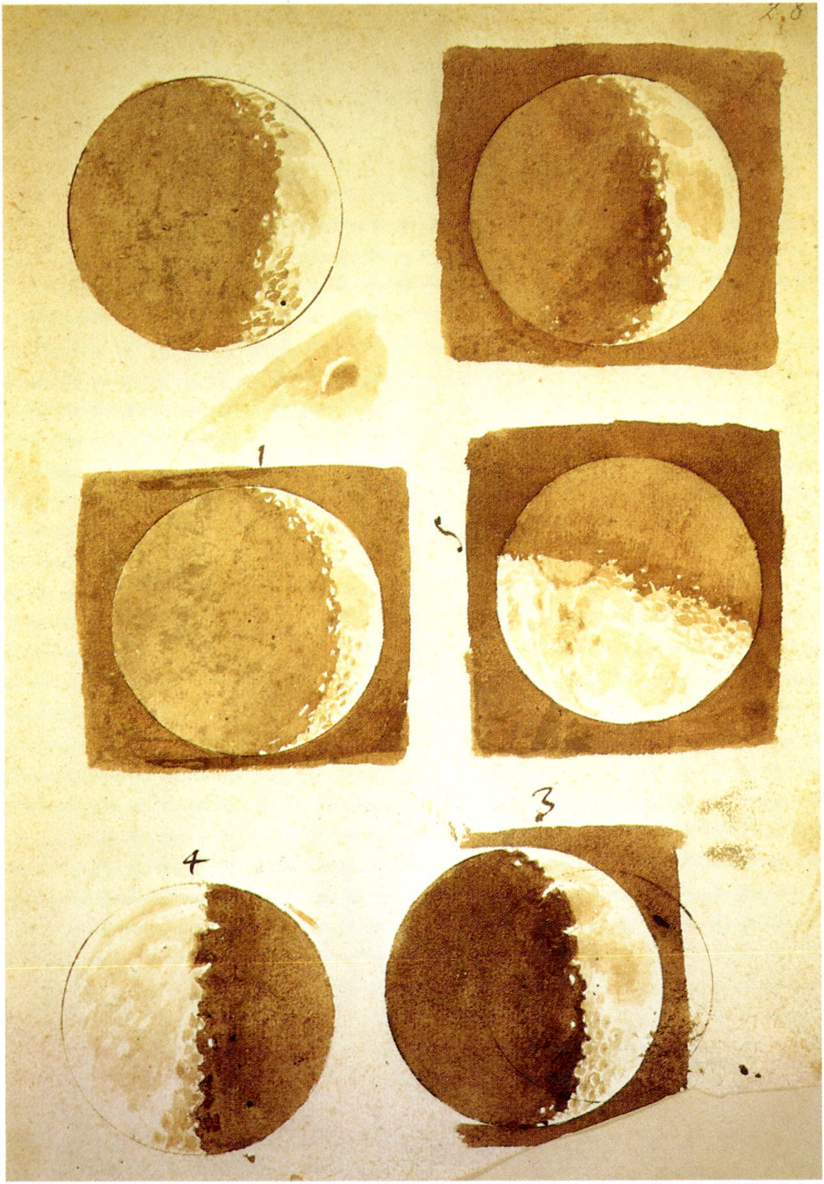
1
5
3
4

Selbst für uns, die wir Fotos vom Mond gesehen haben und wissen, daß er gebirgig ist, ist es noch überraschend, ihn zum ersten Mal durch ein Fernrohr zu sehen. Plötzlich ist er nicht mehr nur ein Kreis am Himmel, sondern eine mit Löchern und Vorsprüngen bedeckte Kugel. Galilei ist erschüttert und schreibt im „Sternenboten“: „Die Spuren, die mich zu diesen Schlüssen geführt haben, sind folgende: Vier oder fünf Tage nach Neumond, wenn der Mond glänzende Hörner hat, ist die Grenze zwischen Finsternis und Licht keineswegs eine gleichförmige Linie wie auf einer vollkommenen Kugel, sondern sie ist im Gegenteil uneben, unregelmäßig und voller Zacken.“ Galilei begnügt sich nicht damit, nur zu beschreiben, sondern er zeichnet auch. Sein ganzes Buch ist illustriert mit Zeichnungen von seiner Hand.

War die Ergriffenheit der Astronauten von Apollo 11, als sie das Foto (unten) gemacht haben, genauso tief wie diejenige Galileis, als er für den „Sternenboten“ den Mond zeichnete (links), so wie er ihn durch sein Fernrohr sah?

Für Galilei gibt es keinen Zweifel: Der Mond ist gebirgig.

Galilei sieht, daß sich auf dem Mond nahe an der Grenze zwischen Finsternis und Licht kleine schwarze Flecken auf der hellen und lichte Flecken auf der dunklen Fläche befinden. In dem Maß, wie sich die Grenze verschiebt, nehmen die schwarzen Flächen ab, und die Lichtflecken werden größer. Das ist genau wie auf der Erde: Wenn die Sonne steigt, nehmen die beleuchteten Flächen der Berge zu, während der Schatten in den Tälern kleiner wird.

Es gibt auf dem Mond also Täler und Berge. Galilei beschreibt sie als runde Flecken „wie auf einem Pfauenschwanz“. Sie sind am Rand auf der Sonnenseite dunkel ausgefranst, während der andere Rand hell erleuchtet ist: Es müssen runde Täler sein, die von einer Bergkette umgeben sind (wir nennen sie heute Krater). Anhand der Länge der Schatten gelingt es Galilei, die Höhe der Berge zu berechnen: Bei einigen kommt er auf eine Höhe von vier Meilen (7000 m). Damit sind sie höher als alle damals bekannten Berge auf der Erde. Da der Mond viel kleiner als die Erde ist, ist er folglich viel unebener.

TYPUS SELENO
LUNÆ PHASES
VARIOS AD:
NOVILVNIVM
LVNA SOLI
CON IVNC
T A
LVNA COR
NICVLARIS
IN ASPEC TV
SEXTI LI
LVNA DIMI
DI ATA
IN ASPEC TV
QVADRA TO
LVNA I N ORBEM
IN SI NVATA
IN ASP EC
TV TRINO VEL
TRIGO NO
LVNA SOLI
OPPO SITA
PLENILVNIVM
NOMINA
PHASIVM
ET ASPECTVVM
LUNÆ
PHASES LUNÆ ACCRESCENTIS
CIRCULUS

Wenn die Erde auf diesem Stich aus einem Himmelsatlas des Jahres 1660 im Zentrum steht, bedeutet das keine Rückkehr zum alten Weltbild des Ptolemäus. Hier sollen vielmehr die relativen Positionen von Sonne, Erde und Mond zueinander gezeigt werden, wie sie von der Erde aus zu sehen sind. Dieser Anblick wird durch die rechte Zeichnung (unten auf dem Stich) erklärt. Sie zeigt die von der Sonne angestrahlte Hälfte des Mondes in verschiedenen Positionen. Die linke Zeichnung ist eine Verfeinerung der mittleren Abbildung: Man sieht hier das Tag für Tag wechselnde Aussehen des Mondes im Lauf eines Monats.

An dieser Stelle kommt Galilei einem möglichen Einwand zuvor: Wenn der Mond so uneben ist, warum erscheint sein erleuchteter Rand dann so vollkommen rund und nicht zackig? Das ist so, erklärt er selbst, weil wir am Rand immer zahlreiche Bergketten hintereinander sehen. Die Täler einer Bergkette werden für unser Auge durch die Höhen einer dahinter liegenden Bergkette ausgefüllt. Es ist genau wie bei hohem Seegang: Aus der Ferne gesehen scheint das Wasser glatt, weil die Kronen der Wellen alle etwa auf gleicher Höhe sind und die Wellentäler dazwischen verdecken. Berge, Täler... Galilei beschreibt den Mond mit den Begriffen, die auch auf der Erde verwendet werden. Den größten Krater vergleicht er sogar mit Böhmen, einer Gegend, die von Bergketten umgeben ist. Für ihn sind Erde und Mond gleich beschaffen.

Die großen Krater in der Mitte des Mondes sieht man am deutlichsten bei Halbmond, wenn die Grenze zwischen Dunkel und Licht den Mond halbiert, wie auf diesen Zeichnungen von Galilei.

Das Geheimnis des „aschfarbenen Mondlichts“ wird enthüllt.

Galilei liefert sogleich einen zusätzlichen Beweis für die Gleichheit von Erde und Mond, indem er zum ersten Mal das Phänomen des aschfarbenen Lichts erklärt. Das aschfarbene Licht ist die leicht graue Lichterscheinung, die auf dem Mond liegt, wenn der erleuchtete Teil direkt nach oder vor Neumond nur eine dünne Sichel ist.

Dagegen muß der Mond die Gestalt einer dünnen Sichel haben, damit man auf dem Rest der Oberfläche das aschfarbene Licht wahrnehmen kann, das Galilei erstmals als von der Erde reflektiertes Sonnenlicht deutet.

Dieses Phänomen ist schon seit sehr langer Zeit bekannt und hat viele poetische Namen bekommen, z.B. „der alte Mond im Arm des neuen“. Aber vor Galilei kennt niemand die Erklärung dafür.

Galilei hatte seine Theorie einigen seiner Freunde und Schüler vorgetragen, noch bevor er den Mond durch sein Fernrohr ansah. Aber er fühlt sich erst jetzt, bestärkt durch seine neuen Entdeckungen, sicher genug, um sie auch öffentlich vorzustellen.

Er legt dar, daß das Licht weder vom Mond selbst stammen kann (sonst sähe man es auch bei Neumond) noch von den Sternen, noch von Sonnenstrahlen, „die den Mond durchqueren“, wie es verschiedene Autoren vorgeschlagen haben. Was folglich bleibt, um den Mond zu erleuchten, ist die Erde. Denn wenn der Mond uns seine dunkle Hälfte zuwendet, wendet die Erde ihm gerade ihre beleuchtete Hälfte zu. Das aschfarbene Licht muß also der Widerschein der Erde auf dem Mond sein.

Nachdem Galilei bewiesen hat, daß der Mond gebirgig wie die Erde ist, behauptet er also jetzt, daß die

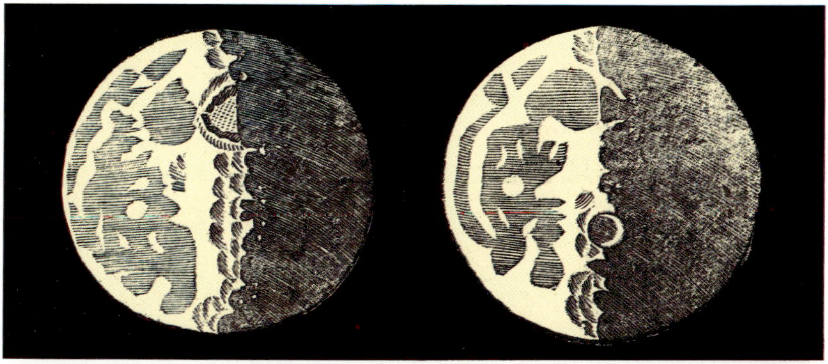

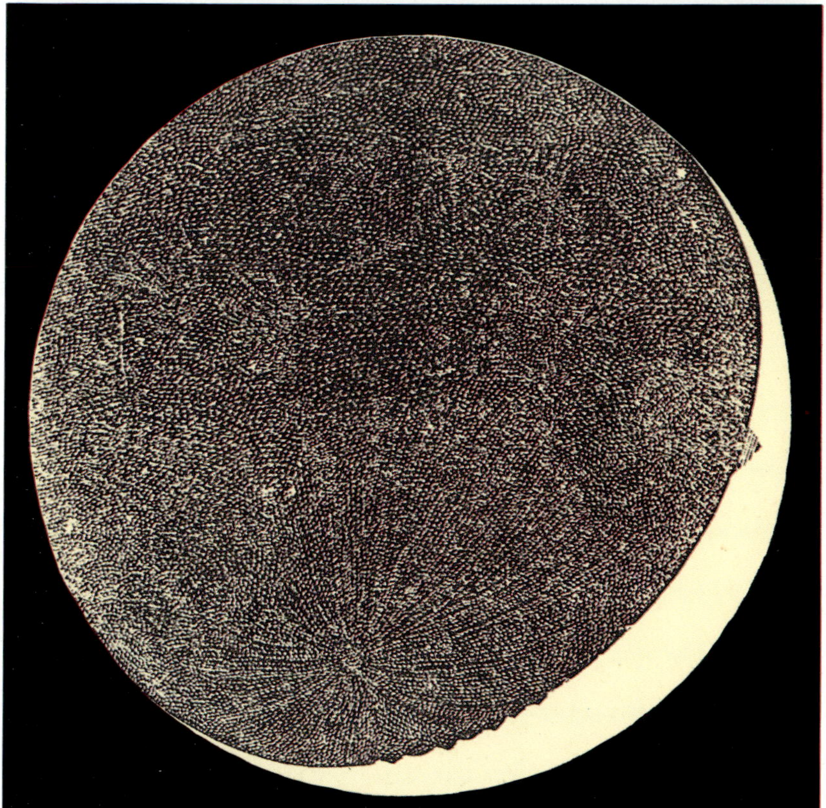

Die Erde geht auf

Nachdem sie den Mond erst mit Fernrohren betrachtet haben, dann mit immer stärkeren Teleskopen, untersuchen die Menschen ihn schließlich aus der Nähe. Seit 1957 fliegen zuerst sowjetische, dann amerikanische Raumsonden zum Mond, umrunden ihn und fotografieren seine erdabgewandte Seite. So beobachten die Astronauten der Mission Apollo 10, die den Mond in einem Abstand von weniger als 15 km mit der Mondsonde Snoopy umrunden, im Mai 1969 ein außerordentliches Schauspiel: den Aufgang der Erde am Horizont des Mondes. Etwas später, als die Erde im Schwarz des Weltalls treibt, können die Astronauten die Meere und die Westküste Mexikos unter den Wolken erkennen.

Die Oberfläche des Mondes

Wenn man den Mond in einer schönen, klaren Nacht durch ein Fernglas betrachtet, bemerkt man Flecken oder Schatten. In Wirklichkeit handelt es sich um Krater oder „Meere“. Dieses Relief ist typisch für den Mond. Die von Apollo im Jahr 1969 aufgenommenen Satellitenfotos haben alles bestätigt, was Galilei durch sein Fernrohr gesehen, notiert und im „Sternenboten“ ausführlich kommentiert hatte: Der Mond ist gebirgig und seine Oberfläche mindestens genauso uneben wie die der Erde. Die Mondkrater, die manchmal einen Durchmesser von einigen Dutzend Kilometern haben oder aber winzig klein und von der Erde aus unsichtbar sind, werden, wie dieser hier, häufig von Wällen begrenzt und haben einen tief eingeschnittenen Grund. In ihrer Mitte sitzt manchmal ein kegelförmiger Berg. Das Relief eines Kraters erscheint mehr oder weniger ausgeprägt, je nachdem, unter welchem Winkel er beleuchtet ist. Ein Krater besitzt ein um so markanteres Relief, je näher er am Terminator liegt (der Grenze zwischen den Regionen, in denen es Tag bzw. Nacht ist). Dagegen kann der Krater, selbst wenn er sehr groß ist, schwer zu erkennen sein, wenn die Sonne ihn senkrecht ausleuchtet.

Der Mond ist gebirgig

Dies ist einer der größten Krater. Bei einem Durchmesser von ungefähr 85 km schließt er etwa 100 weitere, kleinere Krater ein. Es gibt keinen Zweifel: Der Mond ist wirklich gebirgig, Galilei hatte recht. Die Astronauten haben Gesteinsproben mitgebracht. Bei der Analyse stellt man fest, daß die Mehrzahl der Steine basaltischer Natur und denen ähnlich ist, die man auf der Erde findet. Das ist der Beweis für die Verwandtschaft der beiden Planeten, die beide 4,6 Milliarden Jahre alt sind. Aber die meisten Gesteine sind vor 3,5 Milliarden Jahren, vielleicht als Folge von Vulkanausbrüchen oder Meteoriteneinschlägen, entstanden. Man stellt auch fest, daß es auf dem Mond niemals Wasser gegeben hat. Die „Meere“ bestehen aus Magma, das in die Kraterbecken floß.

Unauslöschliche Fußspuren

Am 1. Dezember 1977 verwirklicht Apollo 17 um 0.33 Uhr den ersten Nachtstart eines bemannten amerikanischen Raumschiffs. Die Mission von Apollo 17 ist die längste und an Entdeckungen reichste. Die Astronauten fahren mit ihrem Mondauto 36 km quer durch das „Meer der Heiterkeit". Sie heben Basaltproben auf, die 100 Millionen Jahre älter sind als die von Apollo 11 mitgebrachten, und finden mehr als 4 Milliarden Jahre alte Steine. Ihr Alter entspricht nahezu dem des Sonnensystems. Aber die erstaunlichste Entdeckung stellt orangefarbene Erde dar, die einen Krater umgibt. Die Wissenschaftler glauben, daß sie das Ergebnis einer Oxydation des Bodens infolge einer Eruption ist, die sich vor 200 000 Jahren ereignet hat. Auf dem Bild untersucht H. Schmitt einen großen Felsblock. Wie alle seine Vorgänger hinterläßt er Spuren, die Millionen von Jahren bestehen werden, denn auf dem Mond gibt es weder Regen noch Wind

Erde ebenso leuchte wie der Mond, d.h., daß sie wie dieser das Licht der Sonne zurückstrahle. Diese Folgerung steht im Gegensatz zum traditionellen Weltbild, in dem eine absolute Trennung zwischen der Erde und dem Himmel, ja zwischen der Erde und allen Himmelskörpern postuliert wird.

Galilei richtet sein Fernrohr auf die Sterne: Er sieht 100mal mehr als mit bloßem Auge.

Mit bloßem Auge sehen wir nur die Sterne, die so viel Licht aussenden, daß es von unseren Sehzellen noch wahrgenommen werden kann. Statt von unserer Pupille, die einen Durchmesser von einigen Millimetern hat, wird das Sternenlicht nun von einem Fernrohr eingefangen, dessen Durchmesser zehnmal und dessen Fläche damit 100mal so groß ist wie die der Pupille. Das Licht wird durch die Linsen konzentriert, bevor es auf unser Auge trifft, und so erhalten wir 100mal mehr Licht: Wir können dann viele Sterne erkennen, die mit bloßem Auge nicht mehr sichtbar sind.

Im „Sternenboten" berichtet Galilei: „Ich hatte die Absicht, die gesamte Konstellation des Orion wiederzugeben, aber ich habe wegen der Anzahl der Sterne, die sie enthält – mehr als 500 –, und aus Mangel an Zeit darauf verzichtet." Also zeichnet er nur Gürtel und Schwert des Orion, die 88 Sterne umfassen, während man mit bloßem Auge nur acht wahrnehmen kann.

Durch sein Fernrohr sieht Galilei statt der sechs Sterne der Plejaden eine Wolke von 40 bis dahin unsichtbaren Himmelskörpern.

Das Sternbild Orion, gezeichnet von Galilei im „Sternenboten".

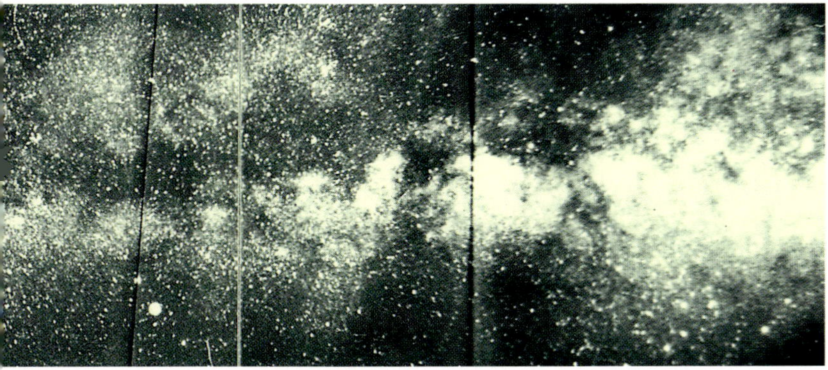

Aber es ist die Milchstraße, in der er die größten Entdeckungen macht: Nicht mehr nur Dutzende, sondern Tausende neue Gestirne kann er dort erkennen. Seit Jahrtausenden stellt das verschwommen leuchtende Band, das sich quer über den Himmel zieht, die Menschen vor ein Rätsel. Ein Blick durch das Fernrohr erklärt alles: Es besteht aus Abertausenden von zu Haufen zusammengeballten Sternen. Galilei schreibt: „Was wir drittens beobachtet haben, ist das Wesen oder die Materie der Milchstraße selbst. (...) Die Galaxie ist in der Tat nichts anderes als eine Ansammlung von unzähligen Sternen, ausgesät in riesiger Zahl."

Die Sterne sind nicht gleichmäßig im Raum verteilt: Sie ballen sich zu scheibenförmigen Galaxien zusammen, die jeweils etwa 100 Milliarden Sterne umfassen. Die Milchstraße ist unsere Galaxie. Da wir uns mitten darin befinden, sehen wir sie nur als ein helles Band, das sich von einem Horizont zum anderen erstreckt.

Mit seinem fünften Fernrohr macht Galilei eine herausragende Entdeckung.

Inzwischen beobachtet Galilei jede Nacht den Himmel, während er am Tag an einem noch vollkommeneren Fernrohr – seinem fünften – arbeitet. Anfang des Jahres 1610 ist es fertig: Es vergrößert dreißigfach. Im Lauf seines Lebens baut Galilei noch viele andere, um sie seinen Freunden zu schenken, sie an ausländische Kollegen zu schicken oder um sie zu verkaufen. Aber dieses bleibt sein bevorzugtes Fernrohr, von dem er sich niemals trennt.

Damit macht er auch gleich seine wichtigste Entdekkung. „Am 7. Januar dieses Jahres 1610, zur ersten Nachtstunde, als ich die Sterne mit dem Fernrohr ansah, zeigte sich mir Jupiter; und weil ich ein wirklich ausgezeichnetes Instrument gebaut hatte, sah ich nahe bei dem Planeten drei Sterne, zwar klein, aber sehr hell (die ich früher nicht bemerkt hatte, weil mein vorhergehendes Fernrohr weniger

gut war). (...) Ihre Anordnung um Jupiter war diese:

Osten * * ○ * Westen

Am 8. Januar, als ich zur gleichen Beobachtung zurückkam – ich weiß nicht, was mich dazu gedrängt hat –, fand ich sie in einer anderen Anordnung:

Osten ○ * * * Westen

Die drei kleinen Himmelskörper waren jetzt westlich von Jupiter. (...)“

Galilei glaubt zuerst, daß die drei „kleinen, hellen Himmelskörper“ Sterne sind (davon entdeckt er jede Nacht Hunderte), vor denen Jupiter sich bewegt. Daß sich ein Planet vor Sternen bewegt, ist zunächst nichts Erstaunliches. Allerdings müßte sich Jupiter zu dieser Zeit des Jahres in die andere Richtung bewegen. Da die nächste Nacht wolkig ist, kann Galilei die Himmelskörper jedoch nicht weiter beobachten. Am 10. Januar schließlich ist der Himmel klar:

Osten * * ○ Westen

Da es nicht möglich ist, daß Jupiter plötzlich kehrtgemacht hat, haben sich die kleinen Himmelskörper bewegt. Es sind also keine Sterne, sondern Monde, die Jupiter umkreisen. Galilei nennt sie nicht Monde, sondern „Planeten“. Und wenn an jenem Tag der dritte kleine Himmelskörper unsichtbar ist, so liegt das daran, daß er hinter Jupiter versteckt ist.

Einige Tage später entdeckt Galilei, daß es nicht drei, sondern vier Monde sind, die Jupiter umkreisen. Er beobachtet die vier *Trabanten* genau. Es gelingt ihm, zweifelsfrei zu beweisen, daß sie Jupiter wirklich bei seiner Bewegung durch den Himmel folgen.

Nun ist einer der Einwände, die gegen die kopernikanische Lehre angeführt werden, daß der Mond der Erde in ihrer Bewegung nicht folgen könne, wenn diese sich um die Sonne drehe. Galilei antwortet: „Jetzt haben wir ein Argument von ganzer Schönheit, um ihre Zweifel zu beschwichtigen. (...) Wir haben nicht nur einen Planeten, der sich um einen anderen dreht, während beide zusammen eine große Bahn um die Sonne beschreiben: Wir sehen mit unseren eigenen Augen vier Himmelskörper, die

sich um Jupiter drehen, wie der Mond um die Erde, während das Ganze in zwölf Jahren eine große Umdrehung um die Sonne macht."

Für Galilei ist „mit seinen eigenen Augen sehen" der beste aller Beweise. Er ahnt noch nicht, wie schwierig es sein wird, seine Gegner dazu zu bringen, zu glauben, was sie mit ihren eigenen Augen sehen.

Unterdessen nimmt er Abschied von seinem „lieben Leser" und verspricht ihm bald neue Enthüllungen.

In der griechischen Mythologie ist Jupiter der Gott unter den Göttern, der Herrscher des Olymps und des Himmels. Aus diesem Grund hat man dem größten Planeten des Sonnensystems den Namen des Königs der Götter gegeben: Jupiter.

SIDEREVS NVNCIVS

MAGNA, LONGEQVE ADMIRABILIA
Spectacula pandens, suspiciendaque proponens
vnicuique, præsertim verò
PHILOSOPHIS, atq; ASTRONOMIS, quæ à

GALILEO GALILEO
PATRITIO FLORENTINO
Patauini Gymnasij Publico Mathematico

PERSPICILLI
Nuper à se reperti beneficio sunt obseruata in LVNÆ FACIE, FIXIS INNVMERIS, LACTEO CIRCVLO, STELLIS NEBVLOSIS,
Apprime verò in
QVATVOR PLANETIS
Circa IOVIS Stellam disparibus interuallis, atque periodis, celeritate mirabili circumuolutis; quos, nemini in hanc vsque diem cognitos, nouissimè Author depræhendit primus; atque

MEDICEA SIDERA
NVNCVPANDOS DECREVIT.

VENETIIS, Apud Thomam Baglionum. M D C X.

VIERTES KAPITEL

VON VENEDIG NACH FLORENZ

Der „Sternenbote“ erscheint am 12. März 1610. Er ist sofort außerordentlich erfolgreich: Die 500 gedruckten Exemplare sind schon nach wenigen Tagen vergriffen. Ganz Europa spricht von nichts anderem als von Galilei, dem Fernrohr, den Mondbergen und den vier neuen „Planeten“, die Galilei die „*Mediceischen Gestirne*“ nennt. Wie kommt er auf den Namen der Großherzöge der Toskana?

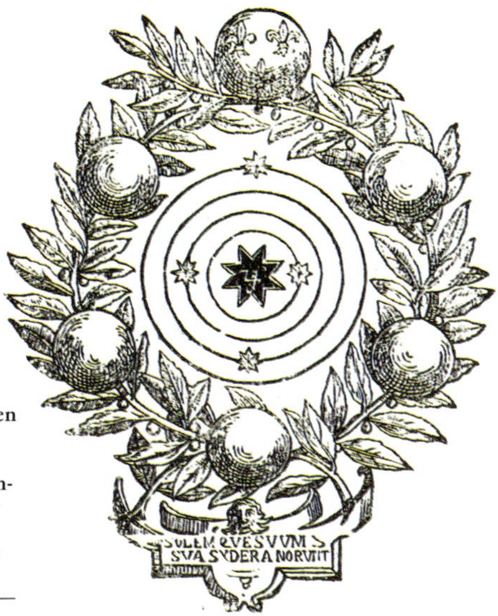

Die Mediceischen Gestirne erscheinen sowohl auf der ersten Seite des „Sternenboten“ als auch im Zentrum des Emblems der Medici, das die unter ihrem Schutz gedruckten Bücher ziert.

Zum einen ahnt Galilei, daß seine Planeten nicht ohne weiteres von den wissenschaftlichen Kreisen angenommen werden. Aber seine Gegner werden es sich zweimal überlegen, bevor sie etwas angreifen, das einen so berühmten Namen trägt. Seit dem Moment, in dem der Großherzog der Toskana, Cosimo de' Medici, das „Geschenk" Galileis angenommen hat, ist ein Angriff auf die vier Planeten gleichbedeutend mit einem Angriff auf die Medici, und nur wenige Leute können sich das erlauben. Schließlich heißt sogar die gegenwärtige Königin von Frankreich, die Mutter Ludwigs XIII., Maria de' Medici.

Gleichzeitig macht Galilei durch die Namengebung deutlich, daß er seiner Sache absolut sicher ist: Den Namen der Medici an eine unsichere und sich eventuell als falsch erweisende Entdeckung zu heften, wäre undenkbar. Auch das ist ein versteckter Hinweis für etwaige Gegner.

Schließlich hofft Galilei, daß ihm der Großherzog zum Dank erlauben wird, seinen alten Traum zu verwirklichen: Hofmathematiker in Florenz zu werden. Ihm liegt nicht so sehr daran, Venedig, als vielmehr Padua – der Stadt und ihrer Universität –, den Rücken zu kehren. Er hat dort 20 Jahre lang gelehrt und träumt jetzt vor allem davon, mehr Zeit für seine Studien zu haben. Zwar kann er bereits darauf verzichten, Privatstunden zu geben, aber die Herstellung der Fernrohre, die Stunden der nächtlichen Beobachtung, von denen er sich tagsüber erholen muß, und die Vielzahl an neuen Entdeckungen, die er niederschreiben will, all das braucht Zeit. Galilei möchte sich ganz seiner Forschung widmen können. Und es gibt noch einen Grund: Galilei möchte zurück in seine Heimat.

Maria de' Medici (1573 – 1642) heiratet im Jahr 1600 König Heinrich IV. von Frankreich. Kurz darauf übergibt dieser ihr die Regentschaft, bevor er in den Krieg gegen Österreich zieht. Das ist das Thema des Gemäldes von Peter Paul Rubens, einem Schützling der Königin. Später führt Maria Krieg gegen ihren Sohn, Ludwig XIII., versöhnt sich wieder mit ihm, muß aber letztlich, nach zahlreichen Intrigen, ins Exil nach Brüssel, London und schließlich Köln gehen.

Der Fiesole, einer der tausend Hügel der Toskana, liegt in der Nähe von Florenz. Hier erhob sich, noch bevor Rom existierte, eine der mächtigsten etruskischen Städte.

Galileis Heimat ist die Toskana. Nach 20 Jahren in der Fremde träumt er davon, dorthin zurückzukehren.

Man darf nicht vergessen, daß im Jahr 1610 der Staat Italien noch nicht existiert. Die Halbinsel ist in verschiedene Länder unterteilt, die jeweils ihre eigene Regierung haben – mit sehr unterschiedlichen Regierungsformen: die Republik von Venedig, das Herzogtum von Mailand, das Großherzogtum der Toskana, der Kirchenstaat, das Königreich von Neapel usw.

Galilei ist Toskaner. Er selbst ist in Pisa geboren, seine Familie stammt aus Florenz, wo er auch seine Jugend verbracht hat. Auf der ersten Seite seiner Bücher, im „Sternenboten" ebenso wie in der Broschüre über den Zirkel, steht hinter seinem Namen die Bezeichnung „florentinischer Patrizier". Und selbst wenn man in Venedig und Florenz – beinahe – dieselbe Sprache spricht, ist doch die Atmosphäre der beiden Städte grundverschieden.

Galilei hofft seit nahezu 20 Jahren, nach Florenz zurückkehren zu können. Vielleicht ermöglichen es ihm seine Entdeckungen. An Pfingsten reist er in die Toskana, um die vier von ihm entdeckten Planeten am Hof der Medici zu zeigen.

Die Vorführung findet in Pisa im Beisein der Professoren der Universität statt. Die Umgebung von Cosimo de' Medici, der ganze

Hof ist begeistert. Aber die Professoren grollen. Der wichtigste unter ihnen, Giulio Libri, weigert sich sogar, durch das Fernrohr zu schauen. Als er einige Monate später stirbt, meint Galilei ironisch, daß Libri die Planeten, die er während seines Aufenthalts auf der Erde nicht sehen wollte, nun auf seinem Weg in den Himmel sehen werde.

Wieder in Padua eingetroffen, hält Galilei drei gut besuchte Vorträge über die Jupitermonde. Aber er ist entschlossen, nach Florenz zurückzukehren: Während seiner Reise hat er beim florentinischen Minister Belisario Vinta bereits Erkundigungen eingezogen, jetzt schickt er ihm ein offizielles Gesuch.

Galileis Freunde sind sehr beunruhigt, ihn aufbrechen zu sehen. Sie ahnen, daß er früher oder später mit der Autorität der Kirche in Konflikt geraten wird. Da die Republik Venedig als einzige Macht in Italien dem Papst Widerstand bieten kann, glauben sie, daß Galilei schlecht daran tut, die Lagunenstadt zu verlassen. Sein Freund Gian Francesco Sagredo schreibt: „Ich bin sehr beunruhigt, Sie an einem Ort zu wissen, an dem der Einfluß der Jesuitenfreunde schwer wiegt.“

Aber das Heimweh ist stärker als die Vorsicht: Im Juli 1610 wird Galilei nach Florenz gerufen, im September läßt er sich dort nieder.

Eines der zu Ehren von Galilei gemalten Fresken im Zoologischen Museum von Florenz. Es stellt das in Pisa durchgeführte Experiment an der schiefen Ebene dar. Im Hintergrund ist der Schiefe Turm zu sehen…

VENETIA
MAR
SINUS
LIGUSTICUS
CORSICA
SARDINIA
MARE
TYRRHEN
MEDIOLANI
DUCATUS PARMAE
REPUBLICA JENUENSIS
THUSCIA
FIRENZE
GENOVA
MILANO
PAVIA
NOVARA
CREMONA
BOLOGNA
FERRARA
MODENA
LUCCA
PISA
LIVORNO
SIENA
ROMA
ELBA
CAGLIARI
FRETUM BONIFACII
NC.QUAE. SOLA
ANIS. FATO
TRUM.VENETÆ
NIS. PER MEDI
LEXIBENTEM
RHAMUSIUS
VIR.MULTIPLICI
NE. ET PRIMA
M COLLECTIONE
ERTER.CURATA
NSIGNIS.

Zu Beginn des 17. Jahrhunderts besteht das heutige Italien aus mehreren Staaten, in denen man zwar dieselbe Sprache spricht, die aber unterschiedliche Regierungen haben. Diese Regierungen haben ihren Sitz in manchmal miteinander rivalisierenden Städten. Die ehrgeizigen Fürsten der kleinen Reiche führen häufig Krieg gegeneinander. Im Norden liegen die Herzogtümer von Mailand, Modena, Parma und Mantua sowie die Republiken Venedig und Genua. Etwas südlicher befinden sich das Großherzogtum von Florenz, die Toskana und der riesige Kirchenstaat, der einen großen Teil Italiens einnimmt. Der Süden steht unter der Herrschaft der Könige von Neapel und Sizilien. Die Gesamtbevölkerung der Halbinsel beträgt im 17. Jahrhundert kaum 11 Millionen Menschen.

Seit der Veröffentlichung des „Sternenboten" setzen sich die Gegner Galileis in Bewegung.

In seinem Brief an Galilei hat Sagredo die Situation richtig eingeschätzt: „Die Macht und die Großmut Eures Fürsten erlauben die Hoffnung, daß er Eure Ergebenheit und Eure Verdienste anerkennen wird, aber wer kann in den bewegten Meeren der Höfe mit Sicherheit vermeiden, daß er von den rasenden Stürmen der Eifersucht, ich will nicht sagen versenkt, aber doch arg durchgeschüttelt wird?"

Die ersten „Böen" machen sich bereits im Sommer 1610 bemerkbar, noch bevor Galilei endgültig nach Florenz übersiedelt. Aber seine Gegner haben so wenig Argumente, daß nicht einmal die bedeutendsten von ihnen es wagen, selbst Stellung zu beziehen. So sind es unbedeutende Wissenschaftler, die den Streit eröffnen.

Galilei hat einen alten Feind an der Universität von Bologna, Professor Giovanni Antonio Magini. Aber nicht dieser geht in die Offensive, sondern einer seiner Assistenten, ein gewisser Martin Horky. Der publiziert im Juni eine beleidigende kleine Broschüre gegen Galilei. Sein Hauptargument gegen dessen Entdeckungen ist: Die Astrologen hätten in ihren Horoskopen bereits alles berücksichtigt, was sich am Himmel bewege, und so dienten die Mediceischen Gestirne, wenn sie denn existierten, zu nichts. Aber alles, was existiere, sei zu etwas nutze. Folglich existierten die Mediceischen Gestirne nicht.

„Aber doch!" antwortet ein Schüler Galileis, sie dienten zumindest dazu, Horky zu beunruhigen und Bestürzung bei den Abergläubischen zu verbreiten. Das dürftige Argument Horkys ist aus zwei Gründen interessant. Zum einen ist es ein gutes Beispiel für die logischen Gedankenspiele, denen die Gegner Galileis mehr Vertrauen entgegenbringen als dem Experiment. Zum anderen zeigt es sehr deutlich, daß die alte Idee (die noch älter ist als das Alte Ägypten), derzufolge der Himmel zu nichts anderem dient, als den Menschen die Botschaften der Götter zu übermitteln, immer noch lebendig ist. Jedenfalls ist Professor Magini so wütend über den Mißerfolg seines Wortführers, daß er ihn sogleich vor die Tür setzt.

Der nächste Angriff, im Monat August, erscheint zwar unter dem Namen des Florentiners Francesco Sizzi, kommt in Wahrheit aber von den Professoren in Pisa. Auch ihre Argumente sind sehr schwach: Die Jupitermonde können nicht existieren, weil es am Himmel nicht

Der deutsche Stich aus dem 18. Jahrhundert verdeutlicht den erzielten Fortschritt in der Geographie und Astronomie. In der Ecke rechts unten sieht man einen Astrologen, der ein Horoskop zerreißt, das durch die neuen Entdeckungen sinnlos geworden ist. Es handelt sich allerdings um eine zu optimistische Darstellung des Sachverhalts: Zwei Jahrhunderte später blüht der Handel mit Horoskopen immer noch…

GEOGRAPH
Eccl: Cap. 3
MUNDUM
TRADIDIT
DISPUTATIONI
EORUM.
CANCER
GEMINI
TAURUS
Horo-Scop
Domus
Planeta-
rum

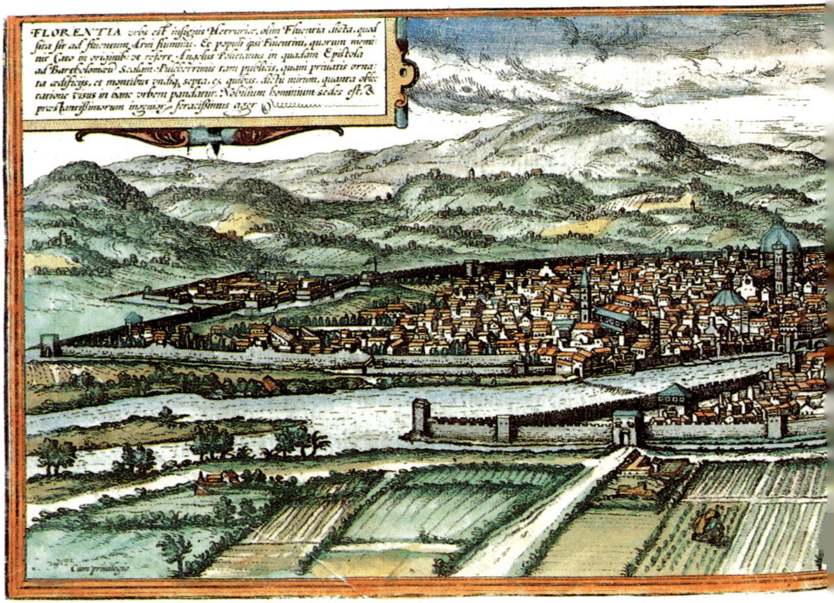

mehr als sieben bewegliche Objekte geben kann (Sonne, Mond und die fünf mit bloßem Auge sichtbaren Planeten). Warum sieben? Aus demselben Grund, aus dem es sieben Todsünden, sieben Wochentage, sieben Weltwunder und sieben ägyptische Plagen gibt: Sieben ist eine heilige Zahl.

Und das Fernrohr? Den Gegnern Galileis zufolge ist es unnütz und trügerisch. Der Beweis: Aristoteles nenne es nicht. Aber es sei selbstverständlich, daß er, da er sehr gelehrt war, es schon gekannt, ja viel bessere Fernrohre besessen haben müsse als das von Galilei.

Auch die Kollegen Galileis, die bereit sind, durch das Fernrohr zu sehen, erklären, Trugbilder zu sehen. Warum, lautet Galileis Gegenfrage, erscheinen die Trugbilder dann nur rund um Jupiter?

Johannes Kepler (1571–1630) hat aus Brahes Beobachtungen die Gesetze der Planetenbewegungen abgeleitet, die später Isaac Newton als Basis für seine neue Theorie dienen.

Galilei versucht vor allem, die Astronomen, die er schätzt, zu überzeugen.

Tatsächlich hat Galilei es nicht nur mit armseligen Gegnern, denen seine Schüler antworten, zu tun. Er hat andere, viel interessantere Briefpartner zu unterrichten und zu überzeugen. Da ist

vor allem der Astronom Johannes Kepler, dem er gleich bei Erscheinen ein Exemplar des „Sternenboten" schickt und den er drängt, ihm seine Meinung darüber mitzuteilen. Kepler soll vor Freude geweint haben, als er von den Entdeckungen erfuhr. Jedenfalls antwortet er Galilei sofort und gratuliert ihm herzlich. In seinem Brief erzählt er eine Anekdote, die das ungeheure Aufsehen um den „Sternenboten" verdeutlicht: „Mein Freund, der Baron Wakher von Wachenfels, hat seine Pferde vor meinem Haus angehalten und hat, ohne erst aus dem Wagen zu steigen, sofort gerufen: ‚Ist es wahr? Ist es wahr, daß er Sterne gefunden hat, die sich um Sterne drehen?'"

Kepler läßt seine Glückwünsche an Galilei bald öffentlich drucken. Dennoch ist er persönlich von der Existenz der Jupitermonde noch nicht überzeugt. Deshalb schickt ihm Galilei eines seiner ausgezeichneten Fernrohre. So kann Kepler selbst die Trabanten beobachten. Im August 1610 bestätigt er in Frankfurt ihre Existenz.

Kepler ist also leicht zu überzeugen. Aber Kepler ist ohnehin ein Anhänger der kopernikanischen Lehre. Der Mann, den Galilei um jeden Preis überzeugen will, ist Christophorus Clavius, Jesuit und Chefastronom des

Florenz ist in einer Verbreiterung des Arnotals erbaut worden, in einer der wenigen Ebenen der Toskana. Im 17. Jahrhundert gilt sein Klima als feucht und ungesund, und wer es sich leisten kann, lebt auf den Hügeln der Umgebung. Deshalb befindet sich das Haus Galileis in Arcetri, einige Kilometer außerhalb der Stadt.

Im Frühjahr 1979 nähern sich die beiden zwei Jahre zuvor gestarteten Voyager-Sonden dem Jupiter, der einen Durchmesser von 143 000 km und das tausendfache Volumen der Erde hat. Die Sonden machen Tausende von Fotos, die außerordentliche Details seiner Oberfläche und der Trabanten enthüllen. Der „Große Rote Fleck" des Jupiter (nebenstehend), den die Astronomen bereits seit 200 Jahren kennen, ist ein enormer Wirbelsturm: 44 000 km lang und 13 000 km breit. Durch die Sonden wird auch ein schmaler, von der Erde aus nicht sichtbarer Ring entdeckt.

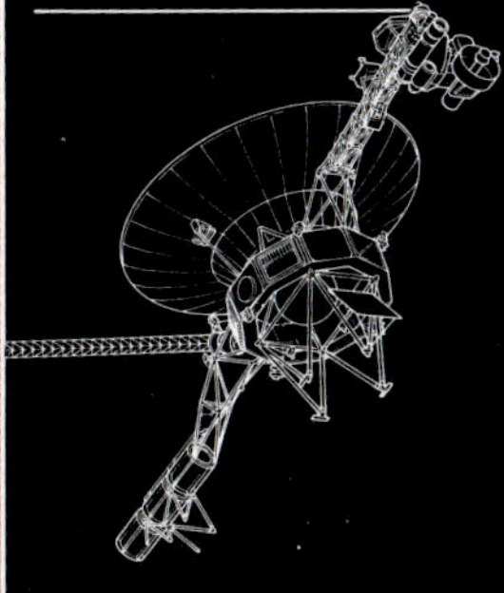

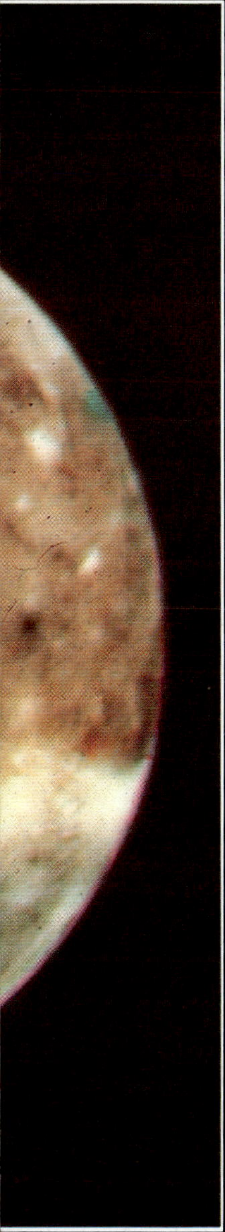
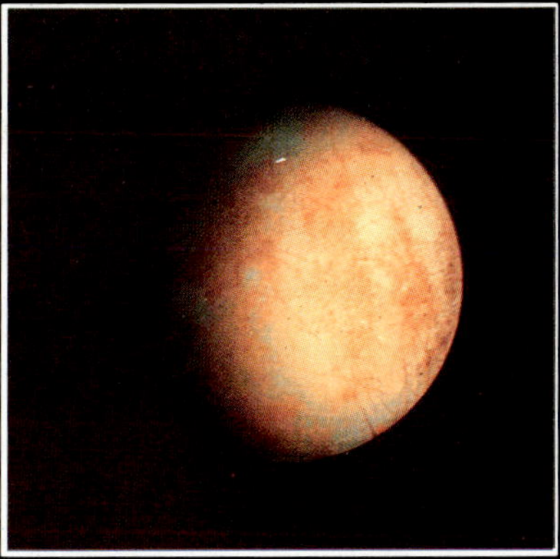

Diese Fotografie (oben), von der Sonde Voyager 2 im Juni 1981 aus einer Entfernung von 56 Millionen Kilometern gemacht, zeigt Saturn etwa genauso groß wie ein gutes Teleskop von der Erde aus. Etwa 1,4 Milliarden Kilometer von der Sonne entfernt, d.h. fast zehnmal so weit wie die Erde, ist dieser Planet sehr groß und mit bloßem Auge sichtbar. Das Bemerkenswerteste an Saturn ist das System der Ringe, die ihn umgeben (sie wurden hier gefärbt, um sie besser unterscheiden zu können). Sie bestehen hauptsächlich aus Staub und aus Milliarden von kleinen Eisstücken und einigen größeren Brokken. Die Ringe sind mehr oder weniger sichtbar, je nach Saturns Position auf seiner Planetenbahn. Das Fernrohr Galileis ist noch nicht stark genug, um in den Ringen mehr zu erkennen als bizarre Verlängerungen zu beiden Seiten des Planeten.

Papstes, und damit der am meisten geachtete Experte Italiens. Doch Clavius beginnt sich über die Entdeckungen Galileis lustig zu machen und behauptet öffentlich, daß er die vier Planeten im Fernrohr nicht sehen könne, wenn sie nicht vorher jemand in das Gerät hineinstecke. Galilei kennt Clavius schon lange und ist überzeugt, daß er ihn umstimmen kann: Er weiß, daß Clavius ehrlich ist und daß er es bestätigen wird, wenn er die Jupitermonde und die Mondberge durch das Fernrohr sieht.

Im Dezember, als Galilei gerade die Beobachtung der Venusphasen abschließt, hört er zu seiner freudigen Überraschung, daß es Clavius endlich gelungen ist, die Jupitermonde zu sehen, nachdem er Galileis Hinweise befolgt hat.

Christiaan Huyghens (1629–1695), holländischer Physiker,

Mathematiker und Astronom. Im Jahr 1656 erfindet er die erste genau gehende Uhr, die von einem Pendel gesteuert wird, und entdeckt den Ring des Saturn sowie einen seiner Trabanten. Von Jean-Baptiste Colbert nach der Gründung der Akademie der Wissenschaften nach Paris eingeladen, entwickelt er dort seine Theorie des Lichts, veröffentlicht sie aber erst, als die Aufhebung des Edikts von Nantes ihn zur Rückkehr nach Holland zwingt.

Unterdessen macht Galilei zwei neue Entdeckungen.

Während Galilei noch versucht, seine ersten Entdeckungen bekannt zu machen, setzt er seine Beobachtungen fort, zuerst in Padua, dann in Florenz. Dabei entdeckt er, daß Saturn ein eigenartiges Aussehen hat.

Er vermutet zunächst, daß die zwei Flecken zu beiden Seiten des Saturn Trabanten sind – viel größer und näher am Planeten als die Jupiters. Aber sie kreisen offenbar nicht um den Planeten. Vielmehr verschwinden sie für einige Zeit, um dann wieder aufzutauchen. Aber Galileis Fernrohr ist zu schwach, als daß er in diesen Vorsprüngen eines der erstaunlichsten Phänomene des Sonnensystems erkennen könnte: den Ring des Saturn. Diese Entdeckung gelingt erst 45 Jahre später Christiaan Huyghens mit einem viel stärkeren Fernrohr.

Da Galilei kein Glück mit Saturn hat, beschäftigt er sich nun mit Venus. Er macht dabei eine so wichtige Entdeckung, daß er nicht wagt, sie zu publizieren, bevor er nicht vollkommen sicher ist. Gleichzeitig fürchtet er, daß ein anderer Beobachter ihm seine Entdeckung streitig machen könnte. Also schickt er im September 1610 Kepler einen etwas seltsamen lateinischen Satz: „Haec immatura a me jam frustra leguntur, o.y." (Diese Unreife wird von mir schon vergeblich gelesen, o.y.)

Dabei handelt es sich um ein Anagramm: In der richtigen Ordnung gelesen, ergeben die Buchstaben einen anderen Satz, der einen klareren Sinn hat. Auf diese Weise hat Galilei, wenn er sich getäuscht haben sollte, nichts Falsches publiziert. Wenn er aber recht hat und ein anderer die Entdeckung für sich beansprucht, braucht er nur

Die Reihenfolge der Ansichten des Saturn, von der ersten Zeichnung Galileis bis zur Entdeckung des Rings durch Huyghens. (Von Huyghens 1659 veröffentlichte Zeichnungen aus seinem Werk „Systema Saturni".)

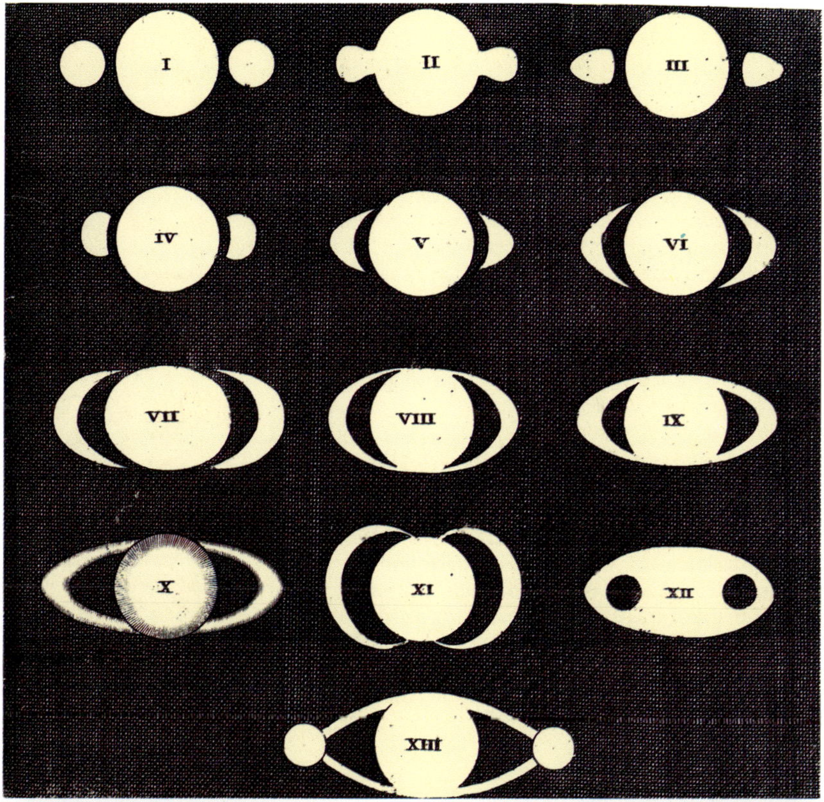
I
II
III
IV
V
VI
VII
VIII
IX
X
XI
XII
XIII

den Sinn seines Anagramms zu enthüllen, um zu beweisen, daß er die Entdeckung schon früher machte.

Und Galilei hat sich nicht getäuscht. Bereits im Dezember schickt er Kepler den Schlüssel des Anagramms nach Prag. Der Satz heißt: „Cynthiae figuras aemulatur mater amorum." (Die Mutter der Liebe ahmt die Gestalten der Diana nach). Für einen modernen Leser bleibt das dunkel, aber am Ende der Renaissance ist das deutlich genug: Venus (die Mutter der Liebe) wechselt die Gestalt wie der Mond (Diana). Anders gesagt, Venus hat Phasen wie der Mond, manchmal ist sie voll und manchmal eine Sichel. Das ist eine entscheidende Entdeckung: Sie beweist, daß Venus bald hinter, bald vor der Sonne steht.

Venus liefert entscheidende Beweise für die kopernikanische Lehre.

Im alten System des Ptolemäus dreht sich alles um die Erde, und die Bahnen der verschiedenen Himmelskörper können sich nicht kreuzen: In diesem System ist es unmöglich, daß Venus bald vor, bald hinter der Sonne steht. Die Entdeckung der Venusphasen ist also ein entscheidendes Argument gegen das ptolemäische Weltbild.

Außerdem zeigen die Phasen deutlich, daß Venus nicht selbst leuchtet: Wie der Mond – und die Erde – hat sie eine von der Sonne beleuchtete und eine dunkle Seite. Die Sonne spielt also eine zentrale Rolle, die anderen Planeten dagegen sind wie die Erde. Das wiederum heißt, daß Kopernikus recht hat.

Galilei hat schon bewiesen, daß der Mond der Erde gleicht. Er zeigt jetzt, daß die Venus dem Mond gleicht. In einem Brief an seinen venezianischen Freund Sarpi erläutert er seine Beobachtung: Wenn man den Mond durch das umgekehrte Fernrohr betrachte, sehe man einen leuchtenden Punkt wie die Venus.

Diese Entdeckung hat auch einen anderen Aspekt, der für die damaligen Astronomen vielleicht noch wichtiger ist. Nach dem System des Kopernikus variiert die Entfernung zwischen Erde und Venus sehr: Die sichtbare Größe der Venus müßte von der Erde aus also stark schwanken. Nun sieht man Venus mit bloßem Auge aber immer als leuchtenden Punkt, dessen Helligkeit zwar variiert, aber viel weniger, als zu erwarten wäre, wenn sie sich tatsächlich nähern würde. Bis dahin ist das ein starkes Argument gegen Kopernikus. Nun sieht man aber durch das Fernrohr,

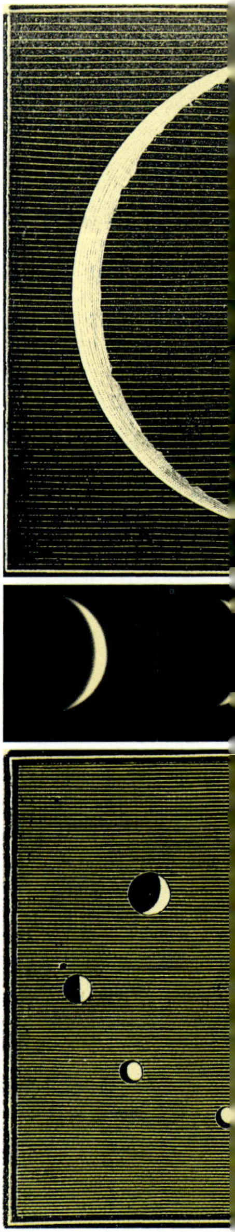

Die Phasen der Venus, von der Erde aus gesehen. Nur mit dem Fernrohr erkennt man, daß Venus Phasen zeigt wie der Mond: Wir sehen sie als große, schmale Sichel, wenn sie zwischen Erde und Sonne steht, und als kleine, volle Scheibe, wenn sie jenseits der Sonne steht.

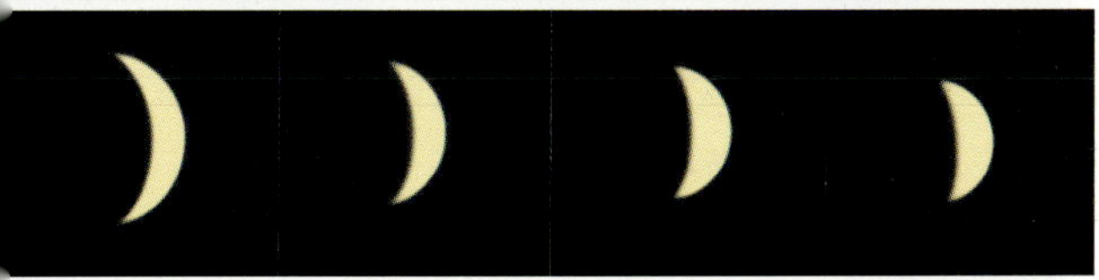

Diese Fotos zeigen gut die gleichzeitige Veränderung von Form und Größe des beleuchteten Teils der Venus, von der Erde aus gesehen.

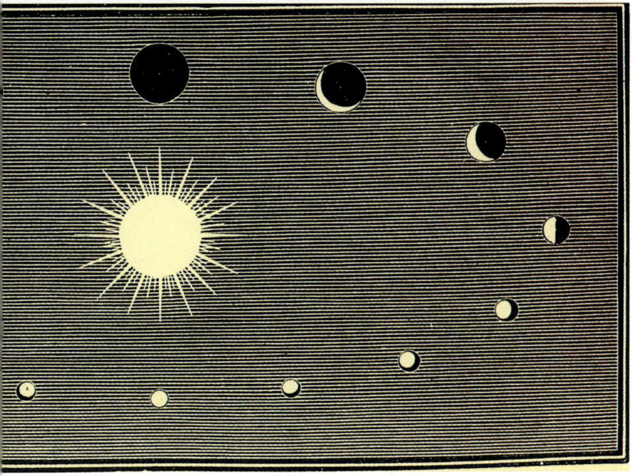

Die hier dargestellten verschiedenen Phasen der Venus erklären, warum die Helligkeit des Planeten sich nur wenig zu verändern scheint: Wenn der erleuchtete Teil sehr schmal ist, ist er auch sehr lang und hell.

Der Domplatz in Florenz, Stich von Jacques Callot (1593 – 1635). In sehr jungen Jahren verläßt Callot Lothringen, um in Rom die Kunst des Stechens zu lernen. Mit 18 Jahren folgt er seinem Lehrer, der von den Medici anläßlich eines ihrer zahlreichen Feste gerufen worden ist, nach Florenz. Hier bleibt er zehn Jahre und widmet eine Fülle von Arbeiten den volkstümlichen Komödianten und den Straßenszenen: eine bemerkenswerte „Reportage“ über das florentinische Alltagsleben um 1615.

daß die Größe der Venus wirklich sehr schwankt, wie es Kopernikus vorhergesehen hatte. Aber gleichzeitig ändert sich ihre Gestalt: Ihre Helligkeit variiert deshalb nicht sehr, weil sie gerade dann am größten ist, wenn sie sichelförmig erscheint. Von allen Entdeckungen, die Galilei bis dahin gemacht hat, ist es vielleicht diese, die das kopernikanische Weltbild am meisten untermauert.

Galilei erhält genau in dem Moment eine Einladung von Clavius aus Rom, die Astronomen des Vatikans zu besuchen, als er diese Entdeckung macht. Clavius hat schließlich doch durch das Fernrohr geschaut und erkennt, wie Galilei vermutete, die Wahrheit der im „Sternenboten" beschriebenen Entdeckungen an.

Noch vor Ende des Winters reist Galilei nach Rom. Er kann Clavius neue, ganz andere Wunder zeigen.

PER HANC

Fünftes Kapitel

VON SIEG ZU SIEG

Galilei kommt am 29. März 1611 in Rom an. Er verbringt dort eine angenehme Zeit und erhält einen triumphalen Empfang. Seinem Freund Filippo Salviati schreibt er: „Ich wurde von vielen berühmten Personen empfangen und geehrt, von Kardinälen, Prälaten, Fürsten dieser Stadt, die die Dinge sehen wollten, die ich beobachtet habe, und die davon entzückt gewesen sind – so wie ich es meinerseits von den Wundern war, die es hier gibt, den Skulpturen, Gemälden, Fresken, Palästen und Gärten."

Rom ist die Hauptstadt des Kirchenstaats, der ganz Mittelitalien umfaßt, und das Zentrum der katholischen Religion. Zur Zeit Galileis ist die Metropole eine außerordentlich reiche Stadt, in der Kirche und Fürsten in ihrer Prachtentfaltung miteinander wetteifern. Das Bild (links) zeigt eine Messe im Petersdom.

Der Empfang bei den Astronomen des *Collegio Romano* und bei Clavius und seiner Gruppe gelehrter Jesuiten ist triumphal. Diese haben schon die Entdeckungen des „Sternenboten" bestätigt, und sie staunen jetzt über die Venusphasen. Am 19. April fragt der oberste Theologe der Kirche, Kardinal Robert Bellarmin, Clavius offiziell nach der Meinung des Collegio Romano über die Beobachtungen Galileis. Clavius schickt ihm einen Bericht, in dem er all seine Beobachtungen bestätigt – allerdings ohne aus ihnen irgendeinen Schluß zu ziehen. Aber Galilei erwartet auch gar nicht so viel.

Fürst Federico de Cesi, eines der herausragendsten Mitglieder der intellektuellen römischen Gesellschaft, bleibt zeitlebens ein Bewunderer und Freund Galileis.

Paul V. Borghese, Papst von 1609 bis 1621 und eifriger Förderer der Gegenreformation, zeigt sich den neuen Ideen gegenüber nicht sehr aufgeschlossen.

Während eines ganzen Monats ist Galilei Ehrengast der Kardinäle und Fürsten in ihren Palästen in der Umgebung von Rom.

Nun sind Galileis Entdeckungen von der größten astronomischen und religiösen Autorität der Zeit anerkannt. Papst Paul V. empfängt ihn in Privataudienz und erweist ihm soviel Ehre, daß er ihn daran hindert, niederzuknien, wie es eigentlich Sitte ist. Einige Wochen später versammelt sich das gesamte Collegio Romano in Gegenwart von Galilei, um seine Entdeckungen offiziell zu feiern.

Gleichzeitig trifft Galilei alle römischen Intellektuellen, und einer der berühmtesten, Fürst Federico de Cesi, bittet ihn, das sechste Mitglied der Accademia dei Lincei (Akademie der Luchse) zu werden, deren Gründer er ist. Akademien sind Vereinigungen von Menschen, die voller Interesse an wissenschaftlichen Neuerungen sind, ohne an eine Universität gebunden zu sein. Um ihre Unabhängigkeit zu dokumentieren, wählen sie oft bildliche und humor-

Das Zeichen der Accademia dei Lincei, das Galilei von 1611 an auf die Titelseite all seiner Bücher setzt. Von Cesi und drei Freunden 1603 gegründet, hat die Akademie zum Ziel, ihren Mitgliedern den Informations- und Gedankenaustausch über alle Fragen zu ermöglichen, natürlich über wissenschaftliche, aber auch philosophische und literarische Themen. Sie verpflichten sich auch, sich gegebenenfalls gegenseitig gegen die Autoritäten zu unterstützen...

volle Namen: In diesem Fall wählt man den Luchs wegen der sprichwörtlichen Schärfe seiner Augen.

Galilei fühlt sich von diesem Vorschlag geehrt und nimmt ihn an. Er erhält dadurch die Gelegenheit, mit Männern zu korrespondieren, die zu seiner Zeit am ehesten in der Lage sind, seine Ideen zu verstehen und zu unterstützen. In Zukunft fügt er auf dem Deckblatt seiner Bücher immer die Bezeichnung „Linceo“ (Luchs) an seinen Namen an, und seine Schriften tragen das Emblem der Akademie. Alles läuft zum besten, und Galilei kehrt im Juni frohgemut nach Florenz zurück.

Er ahnt nicht, daß zur gleichen Zeit Kardinal Bellarmin bei der Inquisition einen geheimen Bericht über seine Sache anfordert. Die Inquisition hat elf Jahre vorher Giordano Bruno bei lebendigem Leibe verbrennen lassen... Und der Mann, der den Prozeß damals leitete, war Kardinal Bellarmin.

Im „Streit über die schwimmenden Körper“ tritt Galilei auf einem scheinbar harmlosen Gebiet denjenigen gegenüber, die sich bald als seine wahren Feinde entpuppen.

Man könnte glauben, daß die Gegner Galileis nach seinem Triumph in Rom entmutigt sind. Davon kann aber keine Rede sein. Da der Augenblick ihnen nicht günstig scheint, Galilei in seinen astronomischen Entdeckungen anzugreifen, provozieren sie ihn auf einem anderen Gebiet.

Es lohnt sich aus mancherlei Gründen, von diesem Streit zu berichten. Zunächst macht er uns mit mehreren Personen bekannt, die für den Fortgang unserer Geschichte wichtig sind. Weiterhin erinnert er daran, daß der Gegensatz zwischen Galilei und den Anhängern des Aristoteles weit über das Gebiet der Astronomie hinausgeht. Und schließlich sehen wir die beiden Arbeitsweisen – die der Argumentation und die der Demonstration – an einem besonders harmlosen Beispiel am Werk: den schwimmenden Körpern.

Robert Bellarmin (1542–1621), Jesuit und Kardinal, ist der wichtigste Theologe seiner Zeit. Er widmet sich mit Eifer der Verteidigung der Autorität der Kirche gegenüber den neuen Ideen. 1930 wird er heiliggesprochen.

An einem heißen Tag im September 1611 diniert Galilei an der Tafel des Großherzogs mit mehreren Professoren der Universität Pisa, darunter Rektor Orso d'Elci und ein gewisser Lodovico delle Colombe, der einer der erbittertsten Feinde der neuen Ideen ist (er läßt bereits das Manuskript eines Buchs zirkulieren, in dem Galilei als „Schurke“ bezeichnet wird). Unter den Gästen befinden sich gleichfalls zwei durchreisende Kardinäle. Einer davon ist Maffeo Barberini, der im Frühjahr in Rom Galileis astronomischen Demonstrationen beigewohnt hat.

Die Unterhaltung kommt – vielleicht wegen der Hitze – auf das Eis und seine bemerkenswerte Eigenschaft, auf dem Wasser zu schwimmen. Delle Colombe und seine Kollegen legen die Erklärungen des Aristoteles zu diesem Sachverhalt dar: Das Eis schwimmt wegen seiner Schollenform auf dem Wasser. Nach Aristoteles ist es diese Form, die das Einsinken des Eises ins Wasser verhindert, und damit das Absinken auf den Grund. Ohne seinen Widerstand sänke das Eis wie jeder andere schwere Körper auch.

Nun hat sich Galilei seinerseits schon seit 25 Jahren mit der Frage der schwimmenden Körper auseinandergesetzt: Noch vor seiner Ernennung in Padua hatte er die Arbeiten des Archimedes studiert und eine Waage konstruiert, mit der er die Dichte von Körpern messen konnte, indem er sie ins Wasser tauchte. Es ist also ein Gegenstand, über den er etwas zu sagen weiß.

Er weist zuerst darauf hin, daß eine Eisscholle, die auf den Grund des Wassers gedrückt wird, wieder an die Oberfläche kommt, sobald man sie losläßt – obwohl in diesem Fall der Widerstand des Wassers das Eis unten halten müßte. Daher, sagt er, ist es weder eine Frage des Widerstands noch der Form: Eine Kugel aus Eis schwimmt ebenso gut wie eine Scholle. Der Grund dafür ist, daß Eis leichter ist als Wasser. Man muß auf die Aufteilung in schwere und leichte Körper, wie es Aristoteles macht, verzichten: Die Begriffe „schwer" und „leicht" sind relativ und haben nur in gegenseitiger Abhängigkeit eine Aussage.

Die von der Inquisition angewendete Folter, dargestellt auf dem Stich von 1725, ist nur ein Aspekt der Methoden dieser Institution, die vor allem mit Überwachung und Spionage beauftragt ist und aufgrund oft anonymer Anzeigen tätig wird.

Der Streit wird ungewöhnlich heftig: Die Professoren aus Pisa können es sich nicht leisten, sich von Galilei nachweisen zu lassen, daß ihre ganze Wissenschaft ohne Grundlage ist.

Die Diskussion wird außerordentlich scharf geführt, weil die Professoren aus Pisa ihr berufliches Ansehen vor dem Großherzog verteidigen müssen, zumal auf einem Gebiet, das sie selbst gewählt haben. Die Kardinäle werden gebeten, als Zeugen der Diskussion beizuwohnen. Und während sein Kollege die Aristoteliker unterstützt, stellt sich Maffeo Barberini auf die Seite Galileis.

Großherzog Cosimo, entzückt darüber, daß seine Tafel den Rahmen für eine wissenschaftliche Revolution abgibt, fordert Galilei auf, ein Buch zu schreiben. Galilei kommt dem Wunsch des Großherzogs nach und widmet sein Buch, das im Mai 1612 unter dem Titel „Diskurs über Dinge, die auf dem Wasser schwimmen oder sich in Wasser bewegen“ erscheint, Cosimo de' Medici. Es ist ein ungewöhnliches Werk: Auf italienisch geschrieben, beschreibt es zahlreiche allgemeinverständliche Experimente, für die man weder ein Fernrohr noch spezielle Apparate braucht. Galilei nimmt darin alle Argumente seiner Gegner vorweg und entkräftet sie.

Doch der Streit über die schwimmenden Körper zeitigt zahlreiche Folgen. Zum einen wird er zum Stadtgespräch von Florenz, und viele junge Männer aus guter Familie erlernen die Mathematik nach der Methode Galileis. Außerdem hat Galilei Kardinal Barberini als Freund gewonnen, den er einmal unter ganz anderen Umständen wiedertreffen soll. Schließlich hat er seinen Gegnern gezeigt, daß sie in einer wissenschaftlichen Diskussion

Cosimo II. de' Medici, Großherzog der Toskana von 1609 bis 1621, ist in seiner Jugend Schüler Galileis. Bis zu seinem frühen Tod bleibt er sein Beschützer und Freund. Da er sich vor allem für Wissenschaft und Künste interessiert, regiert in Wirklichkeit seine Mutter, die Großherzogin Christine.

nicht den Hauch einer Chance gegen ihn haben. Delle Colombe und seine Anhänger publizieren zwar unklare Artikel als Antwort auf Galileis Buch, aber sie wissen genau – und alle Welt sieht es –, daß sie in dieser Frage ebenso wie in astronomischen Fragen verloren haben.

Den Gegnern Galileis bleibt nur ein Mittel, ihn in die Enge zu treiben: auf dem Gebiet religiöser Fragen.

Die Wissenschaft zu verlassen und ein Einschreiten der Kirche zu provozieren: Das ist damals die sicherste Art, jemanden zum Schweigen zu bringen. Um die Maschinerie in Gang zu bringen, braucht man aber Verbündete oder vielmehr Helfershelfer: die Kleriker selbst.

Die Bedeutung der Kleriker – und damit der Kirche – im 17. Jahrhundert kann gar nicht unterschätzt werden. Sarpi, der venezianische Freund Galileis, Clavius und seine jesuitischen Kollegen vom Collegio Romano, Kardinal Bellarmin, Papst Paul V. und schließlich Kardinal Barberini sind ebenso Kleriker wie die große Mehrheit der gebildeten Schicht. Alle sind kultivierte Leute. Alle, abgesehen vielleicht von Bellarmin, sind Galilei gewogen.

Diejenigen dagegen, die delle Colombe als Verbündete findet, gehören einer ganz anderen Gruppe an, die sich selbst die „Wachhunde des Glaubens“ nennen. Dabei handelt es sich vor allem um Predigerbrüder der Dominikaner (Rivalen der Jesuiten), die in Florenz das Kloster San Marco besitzen.

Die „Wachhunde“ bellen erstmalig an Allerheiligen im Jahr 1612. Pater Niccolò Lorini erklärt öffentlich, daß die neuen Ideen in der Astronomie im „Gegensatz zur Schrift“ stehen, insbesondere wegen der Passage der Bibel, wo Josua die Sonne anhält (Josua 10, 12–13). Drei Tage später schickt Lorini Galilei einen Brief, in dem er erneut „die Ideen dieses Ipernic“ (Kopernikus) verdammt. Die Gefahr scheint nicht groß, und Galilei nimmt sie nicht sehr ernst. Zur Zeit ist er mit einer viel interessanteren Sache beschäftigt: den Sonnenflecken.

Kardinal Maffeo Barberini, offener Geist und den neuen Ideen zugetan, wird 1621 unter dem Namen Urban VIII. Papst.

Zwischen Galilei und den Anhängern des Aristoteles entsteht eine Diskussion über die Sonnenflecken.

Sonnenflecken wurden schon seit Urzeiten beobachtet. In der Tat ist hin und wieder einer der Sonnenflecken so groß, daß er mit bloßem Auge wahrgenommen werden

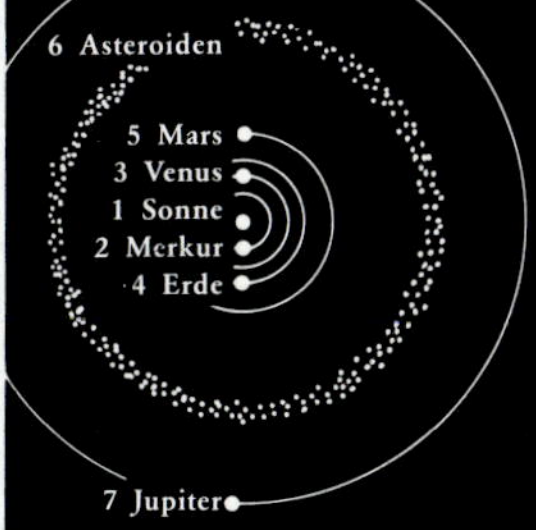

Das Sonnensystem besteht aus einem Stern, der Sonne, neun großen Planeten und verschiedenen Himmelskörpern geringerer Bedeutung wie den Monden. Die Planeten können in zwei getrennte Gruppen geschieden werden: Von der Sonne (1) ausgehend trifft man auf Merkur (2), Venus (3), die Erde (4) und Mars (5) – relativ kleine, feste Planeten. Dann folgen jenseits von Mars die Asteroiden (6), Tausende von kleinen Planeten in der Größe zwischen einem Kiesel und einem Berg. Es ist kaum möglich, die Bahnen aller Planeten des Sonnensystems auf einer einzigen Zeichnung und im selben Maßstab darzustellen. Um das gesamte Sonnensystem zu erfassen, ist es deshalb besser, zwei Zeichnungen unterschiedlichen Maßstabs anzufertigen. Nebenstehend der innere Teil des Sonnensystems bis zur Bahn des Jupiter, insgesamt 780 Millionen Kilometer.

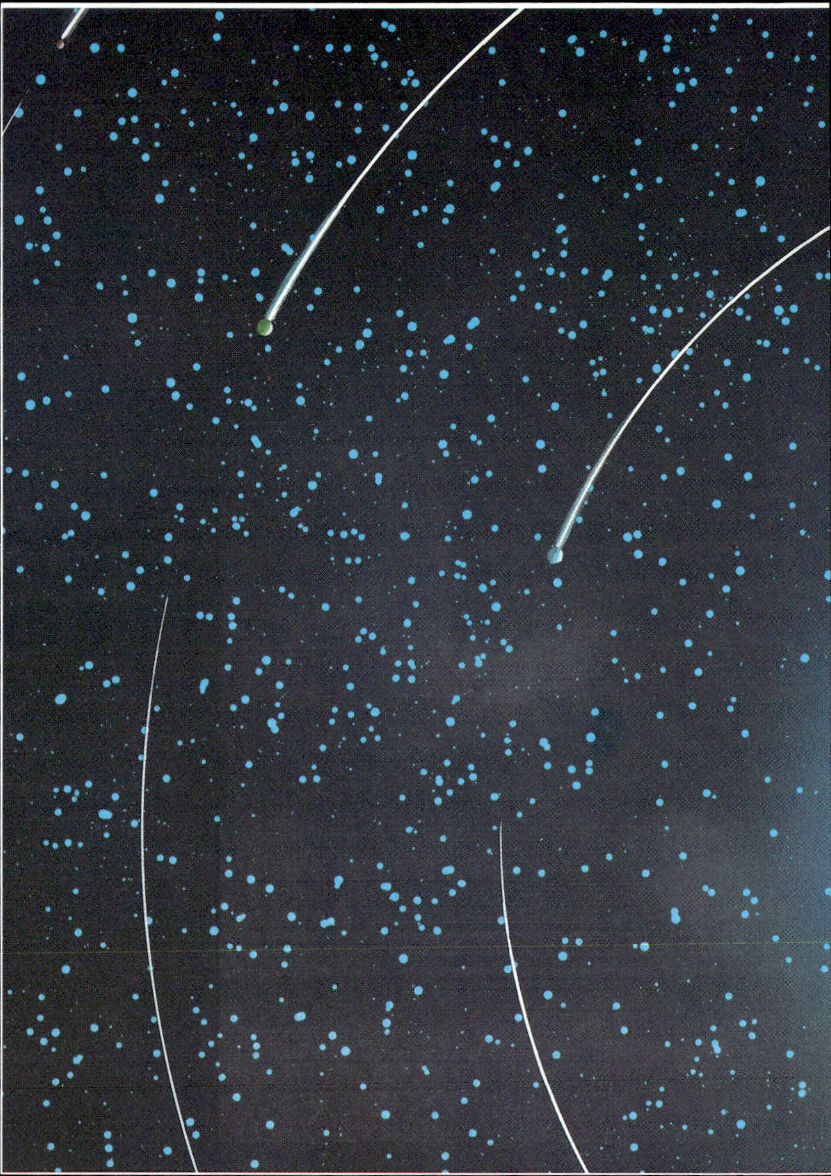

Im verkleinerten Maßstab erscheint die Bahn des Jupiter, die das vorausgehende Bild sprengte, im Vergleich mit der des Neptun nur klein. Jenseits des Asteroidengürtels befinden sich vier riesige Planeten: Jupiter (1), Saturn (2), Uranus (3) und Neptun (4). Ganz anders als die festen Planeten sind sie flüssige Welten (flüssig oder gasförmig), umgeben von einer sehr dichten Atmosphäre. Pluto (5) schließlich, der äußerste Planet des Sonnensystems, den man kennt, wurde erst 1930 entdeckt. Bei einer Entfernung von annähernd 6 Milliarden Kilometern braucht er fast 250 Jahre, um die Sonne einmal zu umrunden.

kann. Aber ernsthafte Studien können erst nach der Erfindung des Fernrohrs vorgenommen werden, da man von da an auch die viel kleineren Flecken beobachten kann. Galilei beginnt damit bereits 1610.

Allerdings werfen die Flecken viele Probleme auf, und Galilei hat noch nichts über diesen Gegenstand veröffentlicht, als im Januar 1612 in Deutschland die „Briefe über die Sonnenflecken" erscheinen. Man weiß bald, daß ihr Verfasser ein Jesuit ist, Pater Christoph Scheiner.

Scheiner, der die Flecken seit 1611 beobachtet, gibt für sie eine Erklärung, die Galilei nicht akzeptieren kann, da sie einmal mehr darauf abzielt, das ptolemäische Weltbild zu retten. Für Scheiner handelt es sich dabei um etwas ganz anderes: Da die Sonne ein von Natur aus unwandelbarer und vollkommener Himmelskörper sei, könne sie keine Flecken haben, die sich zudem noch verändern und bewegen. Das, was man entstehen, sich fortbewegen und verschwinden sehe, sei nur der Umriß von kleinen Planeten, die vor der Sonne vorbeiziehen.

Galilei antwortet zunächst in einigen Briefen, dann in dem Buch „Geschichte und Demonstration bezüglich der Sonnenflecken", das im März 1613 erscheint. Er zeigt zu Beginn, daß die Flecken schmaler werden, wenn sie sich dem Rand der Sonne nähern. Galilei schließt daraus, daß die Flecken sehr flache, der Sonnenoberfläche anhaftende Wolken sind. Daß sie zum Rand hin schmaler werden, bis sie fast so dünn wie Striche sind, liegt daran, daß man sie von der Seite sieht.

Ihre Bewegung erscheint für unsere Augen viel schneller, wenn sie nahe am Zentrum der Sonne sind. Erklärung Galileis: Die ganze Sonne dreht sich mit gleichbleibender Geschwindigkeit um sich selbst. Je mehr sich ein Punkt an ihrer Oberfläche dem Rand nähert, desto schiefer schauen wir auf die Strecke, die der Punkt an einem Tage zurücklegt, und desto langsamer scheint er sich für uns zu bewegen.

Die neun Planeten des Sonnensystems sind hier im gleichen Maßstab vor dem Hintergrund der Sonne dargestellt (v. r. n. l.): Merkur, Venus und die Erde (ihr kleiner Trabant, der Mond, ist bei diesem Maßstab nicht mehr zu erkennen). Dann folgt der Mars, dessen zwei winzige Trabanten hier nur mit dem Mikroskop sichtbar wären. Schließlich die riesigen Planeten: Jupiter (16 Trabanten), Saturn (17 Trabanten), Uranus (15 Trabanten), Neptun (ein großer und ein kleiner Trabant) und endlich Pluto (ein Trabant).

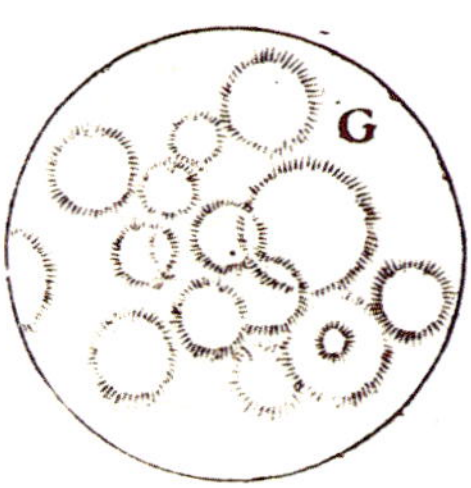

Wir wissen heute, daß die Sonnenflecken keine Wolken auf der Sonne sind: Es sind weniger heiße Zonen auf ihrer Oberfläche. Aber davon abgesehen hat Galilei recht. Darüber hinaus versetzt er der offiziellen Astronomie noch zwei weitere Schläge: Wenn die Sonne sich um sich selbst dreht, warum kann die Erde das dann nicht ebenso machen und sich in einem Tag um sich selbst drehen, wie es Kopernikus sagt? Außerdem zeigt er einmal mehr, daß der Himmel nicht unwandelbar ist.

Schließlich setzt sich seine Erklärung durch. Scheiner selbst stellt die Sonne 20 Jahre später ganz anders dar als in seiner Theorie zu den Sonnenflecken: Das mit Vulkanen besetzte Flammenmeer ähnelt keineswegs mehr einer glatten, fleckenlosen Kugel.

Aber Scheiners auf italienisch publizierten Argumente lösen einen Angriff auf Galilei aus, der gefährlicher ist als alle vorhergehenden.

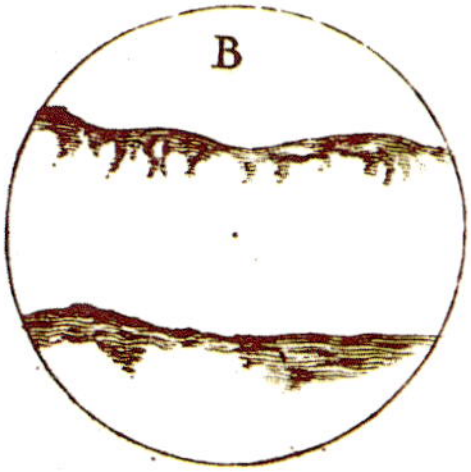

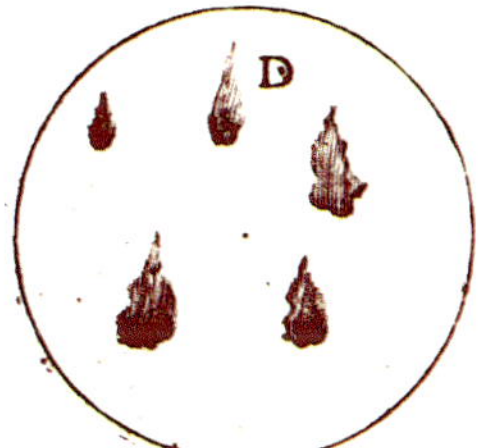

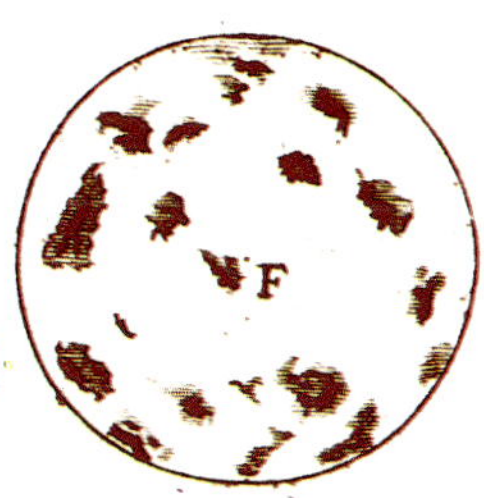

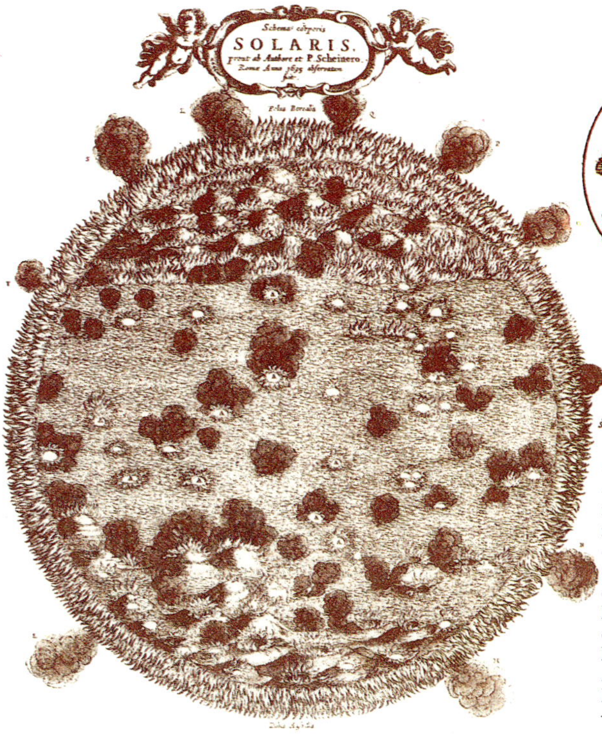

Verschiedene Darstellungen der Sonne von Pater Christoph Scheiner, der sie mit der Projektionsmethode beobachtet, d.h., indem er mit einem Fernrohr ein Bild der Sonne auf ein Blatt Papier projiziert, weil die Sonne durch ein Instrument gesehen viel zu heiß für das menschliche Auge ist.

Sechstes Kapitel

DIE FALLE

Im Mai 1613 feiert Cosimo de' Medici die Taufe seines dritten Sohnes mit großem Prunk. Ein großes Fest wird veranstaltet, bei dem Galilei einen Ehrenplatz einnimmt. In dem Festumzug fährt auch ein Jupiterwagen, der mit den kürzlich von dem Astronomen entdeckten Mediceischen Gestirnen dekoriert ist.

Die Piazza della Signoria vor dem Palazzo Vecchio, eines der Zentren des florentinischen Lebens neben dem Domplatz. Die Straße, in die man hineinblickt, erstreckt sich längs der Uffizien, den Büros der Verwaltung des Großherzogtums, die heute in ein Museum umgewandelt sind.

Damit sind die vier „Sterne" Galileis im florentinischen Leben eingeführt. Aber Rosen haben Dornen: Das Jahr 1613 markiert auch den Anfang des Kriegs gegen Galilei. Er beginnt auf eine Art und Weise, die nicht überrascht. Wieder einmal richtet sich der erste Schlag nicht direkt gegen Galilei, sondern gegen einen seiner Schüler, Pater Benedetto Castelli, Professor für Mathematik in Pisa.

Die Feinde Galileis sind dem Pater ohnehin nicht gewogen. Zudem wissen sie, daß sie, indem sie ihn angreifen, Galilei treffen können. Als Castelli seine Stelle angetreten hat, ist ihm vom Rektor der Universität, Elci, streng untersagt worden, die kopernikanische Lehre zu verbreiten. Nun versucht man ihn mit einem sorgfältigen Plan dazu zu bringen.

Christine de' Medici stammt aus dem zu Beginn des 17. Jahrhunderts noch ziemlich mächtigen Haus Lothringen. Sie ist fromm und tatkräftig und regiert de facto die Toskana, während ihr Sohn Cosimo II. sich der Verschönerung von Florenz und der Organisation von Festen widmet.

Die Falle wird gestellt.

Im März 1613, bei einem Diner in Gegenwart der Großherzogin Christine, der Mutter von Cosimo de' Medici, befragt ein Professor aus Pisa Pater Castelli zu den Theorien des Kopernikus: Stehen sie im Widerspruch zur Heiligen Schrift oder nicht? Die Großherzogin ist sehr fromm und hat großen Einfluß am Hof: Die Professoren von Pisa haben ihr Publikum gut gewählt. Aber der Benediktiner und Kopernikaner Castelli weicht der Diskussion dennoch nicht aus. Es gelingt ihm, die von seinen Gegnern bei der Großherzogin geweckte Besorgnis zu zerstreuen.

Am nächsten Tag berichtet er Galilei von dem Zwischenfall. Der beschließt, daß er Castelli in dieser Angelegenheit nicht allein lassen kann. Er schickt ihm einen Brief, in dem er seine Ansichten über die Frage darlegt; einen Brief, den Castelli in einigen Kopien in Umlauf bringen soll.

Die Feinde Galileis haben ihr erstes Ziel erreicht: ihn auf das Gebiet der Religion zu locken. Nun brauchen sie daraus nur noch einen Skandal zu machen. Im Dezember 1614 wählt ein Dominikaner aus dem Kloster Santa Maria Novella namens Tommaso Caccini als Predigtthema den Bibelspruch: „Männer von Galiläa, warum betrachtet ihr den Himmel?"

Wie das Wortspiel (viri galilei [lat.] = Männer von Galiläa) schon ahnen läßt, ist die Predigt ein heftiger Angriff auf das Weltbild des Kopernikus.

Schon am nächsten Tag schreibt der Ordensgeneral der Dominikaner einen Entschuldigungsbrief an Galilei, in dem er die Verantwortung für die „Bestialitäten" eines jeden der 40000 Mönche, die seiner Autorität unterstehen, übernimmt. Gleichzeitig erhält Caccini von einem Ordensbruder einen Brief, in dem dieser ihm vorwirft, sich von den „Tauben" anwerben zu lassen: So nennt man die Gruppe der Professoren, die von delle Colombe (columba [lat.] = Taube) angeführt wird.

Für die „Tauben" ist der Moment gekommen, entscheidend einzugreifen. Jetzt taucht auch ein anderer „Wachhund des Glaubens", Lorini, der sich bereits 1612 bemerkbar gemacht hatte, wieder auf. Er besitzt eine Kopie von Galileis Brief an Castelli. Lorini schreibt ihn seinerseits wieder ab, ändert hier und dort einige kleine Passagen und schickt ihn an die Inquisition.

Gleichzeitig wird Caccini bei den Inquisitoren in Pisa vorstellig und möchte, „um sein Gewissen zu erleichtern", Zeugnis über die Irrtümer Galileis ablegen. Darunter befindet sich auch der Vorwurf, daß ein Schüler Galileis die Wunder der Heiligen nicht für wahre Wunder hält. Wenn die Inquisitoren dafür einen Beweis wollten, müßten sie nur in dem von Lorini geschickten Brief nachlesen. Caccini führt auch mehrere Zeugen an – sämtlich Kollegen und Freunde von ihm und Lorini.

Damit nimmt das Schicksal seinen Lauf: Die Inquisitoren von Pisa können derartige Anschuldigungen nicht unbeachtet lassen. Sie übersenden die Akte an die Inquisition in Rom.

„Wie Euer Durchlaucht gut wissen, habe ich seit einigen Jahren am Himmel Dinge entdeckt, die bis dahin unbekannt waren. Sowohl durch ihre Neuheit als auch durch die aus ihnen folgenden Konsequenzen, die gewissen Lehrsätzen über die Natur widersprechen, die allgemein in den Philosophenschulen angenommen werden, haben diese Entdeckungen eine große Anzahl dieser Professoren gegen mich aufgebracht, so als ob ich mit eigenen Händen alle diese Objekte in den Himmel gesetzt hätte, um die Natur und die Wissenschaften in Unordnung zu versetzen."

Brief Galileis an Christine von Lothringen, Großherzogin der Toskana, 1615.

Die römische Kirche ist nun gezwungen einzuschreiten.

Im Februar 1615 schreibt einer der besten Freunde Galileis unter den Klerikern in Rom an ihn: „Kardinal Barberini, der Euch immer geschätzt hat, wie Ihr sehr wohl wißt, sagte mir gestern abend noch, daß er es lieber hätte, wenn Ihr in der Sache dieser Fragen mehr Vorsicht zeigtet, indem Ihr nicht über die von Ptolemäus und Kopernikus benutzten Argumente hinausgeht und dabei die Grenzen der Physik und der Mathematik nicht überschreitet. Denn für die Theologen ist die Auslegung der Schrift ihre ureigenste Angelegenheit."

Der Chef der Theologen ist Kardinal Bellarmin. Sein Anliegen ist es, die Einheit der Kirche unter der Autorität des Papstes zu stärken. Er hat der Aufgabe schon ein langes Leben (er ist 73 Jahre alt) gewidmet. Er war es auch, der bereits im Frühjahr 1611 einen geheimen Bericht über Galilei bei der Inquisition anforderte.

Er ist auch jetzt über alles auf dem laufenden, was sich in Rom abspielt. Während die Inquisitoren allmählich die Zeugenaussagen von Caccini und Lorini über die „Gottlosigkeit" Galileis zusammentragen, beschäftigt sich Bellarmin mit einem viel wichtigeren Problem: dem Unbehagen, das in der Kirche durch die Widersprüche zwischen der Schrift und der Theorie des Kopernikus entstanden ist. Diese Streitfrage ist 80 Jahre alt, aber erst durch die Entdeckungen Galileis ist sie „gefährlich" geworden, da sie durch ihn ein großes Publikum erreicht.

Es ist gelungen, Galilei dazu zu verleiten, offen über diese Widersprüche zu reden. Selbst in der Kirche ist man geteilter Meinung. Clavius ist 1612 gestorben, kurz nachdem er hatte verlauten lassen, daß es nötig sei, die offizielle Astronomie zu revidieren. Sein Nachfolger an der Spitze des Collegio Romano ist nahe daran, sich dieser Meinung anzuschließen. Im März 1615 erhält er ein Buch des Theologen Paolo Antonio Foscarini aus Neapel, der darzulegen versucht, daß Kopernikus und Galilei recht haben. Foscarini, ein überzeugter Kopernikaner und bekannter Theologe, erbittet Bellarmins Urteil über seine Schrift.

Bellarmin antwortet ihm am 12. April. Er sagt zwar zu Beginn, daß die Verwendung der Theorie des Kopernikus nicht schlecht sei, solange man sich auf eine mathematische Beschreibung der Phänomene beschränke. Aber zu behaupten, daß die Sonne wirklich im Zentrum des Systems stehe, beweise eine Einstellung, die „sehr gefährlich und dazu angetan ist, nicht nur Philosophen und Theologen zu empören, sondern auch unseren heiligen Glauben zu schädigen, denn sie widerspricht der Schrift".

Bellarmins Brief endet mit einem Argument, das aufzeigt, in welchem Punkt seine Gegner und er zwei verschiedene Sprachen sprechen: „Der Mensch, der geschrieben hat: ‚Die Erde ist ewig in Ruhe, die Sonne geht auf und unter...', ist Salomon, der seine Weisheit von Gott selbst hatte: Es ist unglaubwürdig, daß er eine Aussage gemacht haben könnte, die der Wirklichkeit, wie sie sich bereits offenbart hat oder wie sie sich später noch offenbaren könnte, widerspricht."

Galilei wird ein Ultimatum gestellt: Entweder er sagt sich von seinen Ideen los, oder die Kirche wendet sich gegen ihn.

Bellarmin stellt Foscarini – und damit auch Galilei – vor eine klare Wahl: Entweder bezeichnen sie die kopernikanische Lehre als eine bequeme mathematische Hypothese, dann wird die Kirche ihnen keinen Ärger bereiten. Oder sie bestehen darauf, darin die Wirklichkeit der Welt zu sehen, und das bedeutet Kampf.

An dieser Stelle müssen wir 2000 Jahre zurückblicken, zu dem Moment, als die griechischen Philosophen von Athen den Astronomen unter Androhung der Strafe für Gottlosigkeit vorgeschrieben hatten, sich mit einer mathematischen Beschreibung der Himmelsphänomene zu

Das Konzil von Trient dauert, mit langen Unterbrechungen, von 1545 bis 1563. Es hat die Aufgabe, angesichts des beunruhigenden Fortschritts des Protestantismus die Grundlagen der Glaubenslehre des Katholizismus sorgfältig zu präzisieren. Gleichzeitig setzt sich das Konzil zum Ziel, die Einheit und die Disziplin in der Kirche wiederherzustellen. Es steht am Anfang der Gegenreformation.

begnügen. Schon aus dieser Zeit stammt die strikte Trennung zwischen Himmel und Erde, die auch Aristoteles bekräftigen mußte, und die dann – im Zweifelsfall mit offener Gewalt – von allen Religionen durchgesetzt wurde: 2000 Jahre lang haben die religiösen Autoritäten verboten, „den Himmel und die Erde zu vermischen".

Aber jetzt haben sich die Verhältnisse geändert: Das Fernrohr ermöglichte die Entdeckungen Galileis. Berge auf dem Mond, Sonnenflecken, Jupitermonde und Venusphasen, all dies kann man sehen, und die Kirche ist gezwungen, es anzuerkennen. Damit ist es auch viel schwieriger geworden, die Astronomen zu zwingen, sich auf eine mathematische Beschreibung zu beschränken und jede Frage nach der wirklichen Ordnung der Welt zu unterdrücken. Schwieriger, und doch dringender. Bellarmins Brief an Foscarini ist in Wirklichkeit ein Ultimatum an Galilei, unverzüglich darauf zu verzichten, Folgerungen aus seinen Beobachtungen zu ziehen.

Wofür soll Galilei sich nun entscheiden? Er wollte auf keinen Fall einen Streit über die Heilige Schrift riskieren: Aber seine Feinde haben ihn dazu verleitet. Jetzt ist der Streit da. Und er hat die höchsten Instanzen der Kirche erreicht. Galilei glaubt, daß er nicht mehr das Recht hat, auszuweichen.

Er schreibt an einen seiner Freunde in der römischen Kirche: „Ich möchte nicht zusehen, wie wichtige Männer denken, daß für mich die Ideen des Kopernikus nichts als eine mathematische Hypothese ohne Realität sind. Weil ich einer derjenigen bin, die am meisten mit diesen Ideen verbunden werden, könnte man glauben, daß diese Ansicht von allen anderen Anhängern des Kopernikus geteilt wird und daß seine Theorie mit größerer Wahrscheinlichkeit falsch ist als physikalisch richtig. Und das wäre meines Erachtens ein Irrtum."

Allegorie auf den Ruhm Galileis: Indem er ihnen das Fernrohr darbringt, ehrt Galilei die personifizierte Mathematik, Optik und Astronomie.

Andererseits ist Galilei überzeugter Katholik: Er respektiert Religion und Kirche. Das verdoppelt für ihn die Bedeutung des beginnenden Kampfes. Er riskiert, zusehen zu müssen, daß „seine" Wissenschaft verboten wird und daß man es für nötig halten wird, ihm seinen Glauben ungerechterweise zu verbieten. Für ihn ist beides vollkommen vereinbar. Schließlich ist er selbst gleichzeitig Christ und Kopernikaner.

Damit steht Galileis Entschluß fest: Er wird sich nach Rom begeben und sich verteidigen. Vorher nimmt er sich

Zeit, seine Ideen sorgfältig zu formulieren und schriftlich nachzuweisen, daß es keinen Widerspruch zwischen der Schrift und der neuen Astronomie gibt. Er tut das in einem langen Brief an Großherzogin Christine, eine der gläubigsten und kirchentreusten Personen am florentinischen Hof, die ihm zudem gewogen ist. Dieser Brief wird erst 20 Jahre später in Straßburg gedruckt. Aber Galilei bringt mehrere handgeschriebene Kopien davon in Umlauf. Anschließend fährt er nach Rom.

Die Piazza del Popolo in Rom. Links, umgeben von ihren Gärten, die 1544 erbaute Villa Medici.

Siebtes Kapitel
VERBOT UND PROZESS

Der mediceische Botschafter in Rom ist nicht gerade erfreut über das Kommen Galileis. Aber Cosimo de' Medici unterstützt den Astronomen, so daß der Botschafter sich fügen muß. Nach seiner Ankunft in Rom wohnt Galilei im Palazzo der Botschaft. Das ist bereits ein erster Erfolg: Vor aller Augen bestätigen ihm die Medici ihre Unterstützung. Anscheinend steht seine Angelegenheit doch nicht so schlecht, wie man vermuten könnte.

„Das Buch von Herrn Galilei ist hier angekommen, und es gibt sehr viele Dinge, die nicht gefallen."
Kardinal Robert Bellarmin

Galileis erste Sorge ist jetzt, die Inquisitoren davon zu überzeugen, daß die Angriffe von Caccini und Lorini jeder Grundlage entbehren. Daran muß ihm aus zwei Gründen liegen: Zum einen hat er keine Lust, sich auf dem Scheiterhaufen wiederzufinden wie Giordano Bruno 15 Jahre zuvor. Zum anderen kann er die Wissenschaft, die ihm wirklich am Herzen liegt, nicht verteidigen, bevor er nicht persönlich als unschuldig anerkannt ist.

Letzteres gelingt Galilei ziemlich schnell: Jetzt, da der von den „Tauben" verursachte Skandal sein Ziel erreicht hat – eine Reaktion der Kirche zu provozieren –, haben die Inquisitoren die Anweisung erhalten, nicht auf zweifelhaften Anschuldigungen zu beharren. Sie rehabilitieren Galilei offiziell: Jede gegen ihn persönlich gerichtete Klage wird abgewiesen.

Galilei versucht, die Kirche zu überzeugen, daß Kopernikus nicht zu der Schrift in Widerspruch steht.

Nun hat Galilei den Rücken frei, um der Kirche zu beweisen, daß die heliozentrische Theorie des Kopernikus nicht unvereinbar mit dem ist, was die Heilige Schrift sagt.

Galileis Überzeugung und seine Beredsamkeit sind so groß, daß er ohne Mühe alle, mit denen er in Kontakt kommt, auf seine Seite ziehen kann.

Nur gelingt es ihm leider nicht, die wirklich wichtigen Leute zu treffen. Es erweist sich z. B. als unmöglich, auch nur eine Audienz bei Bellarmin zu erlangen. Galilei schickt ihm und vier anderen einflußreichen Kardinälen eine Schrift mit seinen Argumenten: keine Antwort.

Die Jesuiten des Collegio Romano, von denen er weiß, daß sie schon zur Hälfte überzeugt sind, weichen mehr und mehr aus: Später wird bekannt, daß sie vom Ordensgeneral den ausdrücklichen Befehl erhalten haben, sich nicht gegen die aristotelische Lehre zu äußern.

Vor lauter Verzweiflung bittet Galilei Cosimo de' Medici, Kardinal Paolo Giordano Orsini einen persönlichen Brief zu schreiben, um ihn zum Einschreiten zu bewegen. Cosimo tut das sogleich, und der Kardinal erlangt eine Unterredung beim Papst, der ihm zu verstehen gibt, daß Galilei besser aufgeben sollte.

Endlich, am 26. Februar 1616, gelingt es Galilei, in einer Audienz von Bellarmin empfangen zu werden.

Voller Hoffnung kommt er zu der Unterredung. Aber er findet Bellarmin umgeben von den wichtigsten Dominikanern und muß von ihm hören, daß die Entscheidung schon am Vortag gefallen sei. Die Inquisition hat einen Erlaß verabschiedet, wonach „die Idee, daß sich die Erde um die Sonne dreht, dumm, absurd sowie philosophisch und formal häretisch ist, denn sie widerspricht ausdrücklich der Lehre der Heiligen Schrift".

Eine „Buchhandlung" des 17. Jahrhunderts. Den Buchdruck gibt es gerade erst seit zwei Jahrhunderten, und die Veröffentlichung eines Buches erfordert einen beträchtlichen Aufwand. Die Bücher, die nur in sehr geringer Auflage gedruckt werden, sind oft schon nach wenigen Tagen vergriffen.

IL SAGGIATORE
Nel quale
Con bilancia esquisita e giusta
si ponderano le cose contenute
nella
LIBRA·ASTRONOMICA·E·FILOSOFICA
DI LOTARIO·SARSI·SIGENSANO
Scritto in forma di lettera
All'Ill.mo et Reuer.mo Mons.r D.
VIRGINIO·CESARINI
Acc.o Linceo M.o di Camera di N.S.
Dal Sig.r
GALILEO GALILEI
Acc.o Linceo Nobile Fiorentino
Filosofo e Matematico Primario
del
Ser.mo Gran Duca di Toscana.
FILOSOFIA NATVRALE
MATEMATICA
IN ROMA·MDCXXIII
Appresso Giacomo Mascardi

Die Inquisition und der Papst verbieten Galilei unter Androhung einer Gefängnisstrafe, auf welche Art auch immer die kopernikanische Lehre zu verbreiten.

Das Titelblatt der „Goldwaage“ (1623), auf dem sowohl das Zeichen der Luchse als auch die Fernrohre Galileis dargestellt sind.

Galilei hat die Schlacht verloren, ohne auf einen seiner Gegner zu treffen. Von den Klerikern, die Kopernikus verdammen, hat keiner dessen Buch gelesen. Sie hören auf Bellarmin, der seinerseits nur das Vorwort überflogen hat, das gar nicht von Kopernikus selbst, sondern von einem Mann namens Andreas Osiander stammt.

Die Entscheidung wird von allen Kanzeln verlesen und an allen Universitäten bekanntgemacht. Die Inquisitoren in ganz Europa beschlagnahmen die Bücher des Kopernikus und all derer, die ihm folgen. Es soll noch zwei Jahrhunderte dauern, bis die Kirche offiziell anerkennt, daß sich die Erde um die Sonne dreht.

Erst zwei Jahre später, 1618, meldet sich Galilei wieder zu Wort, als man drei Kometen entdeckt. Wie in der Zeit üblich, beginnt eine Polemik, der Galilei mit seinem Buch „Die Goldwaage“, das viele für das brillanteste halten, das er je veröffentlicht hat, ein Ende setzt.

Genau im Moment des Erscheinens der „Goldwaage“ stirbt der Papst. Sein Nachfolger wird Kardinal Barberini, seit dem Streit um schwimmende Körper ein Freund Galileis. Ihm widmet der Astronom seine „Goldwaage“, als er sich 1624 erneut nach Rom begibt. Dort wird er von Urban VIII. mit offenen Armen empfangen und erhält die Genehmigung, ein Buch zu schreiben, in dem er die Ideen des Ptolemäus und des Kopernikus als zwei mögliche Theorien vorstellt.

Auf dem Titelblatt des „Dialogs über die beiden hauptsächlichen Weltsysteme“ ist Aristoteles in der Diskussion mit Kopernikus und Ptolemäus dargestellt.

Galilei verwendet vier Jahre auf dieses Buch. Es hat die Form einer Unterhaltung zwischen drei Personen: Salviati vertritt die Ansichten des Kopernikus, Simplicio die des Ptolemäus, und Sagredo ist ein Mensch mit gesundem Verstand, der sich bemüht zu verstehen.

1630 reist Galilei erneut nach Rom, nimmt auf Wunsch des Papstes einige Änderungen an seinem Werk vor und erhält die Druckerlaubnis.

Doch dem Weltruhm folgt Gefängnis.

Der „Dialog über die beiden Weltsysteme" erscheint schließlich 1632: Ganz Europa nimmt ihn mit einer Begeisterung auf, die bis dahin kein wissenschaftliches Buch ausgelöst hat. Galilei unterstützt darin zwar die kopernikanische Lehre nicht offen, aber es ist nicht seine Schuld, daß ihr Verteidiger, Salviati, bessere Argumente hat als sein Gegner Simplicio.

Unglücklicherweise gelingt es der Umgebung des Papstes, diesem einzureden, daß Galilei sich über ihn

lustig gemacht habe. Das Buch sei geschrieben worden, um Kopernikus zu verteidigen, und der allzu einfache Simplicio sei in Wirklichkeit eine Karikatur des Papstes selbst. Urban fühlt sich lächerlich gemacht, und seine Wut ist grenzenlos.

Das Buch wird verboten, ist allerdings beim Verleger schon vergriffen, und die Maschinerie der Inquisition setzt sich wieder in Bewegung. Galilei wird nach Rom vorgeladen und mit der Folter bedroht. So findet er, der jetzt 69 Jahre alt und bei schlechter Gesundheit ist, sich plötzlich allein: Cosimo de' Medici ist tot wie viele seiner römischen Freunde, oder sie fürchten die Wut des Papstes.

Eines der zahlreichen Gemälde, die den Prozeß Galileis zum Thema haben. Dem Maler ist die Atmosphäre des Verhörs offensichtlich wichtiger als die feierliche Schlußsitzung und die pathetische Abschwörung Galileis.

Eine handschriftliche Kopie einer Seite der „Unterredungen über zwei neue Wissenszweige“, dem letzten Buch Galileis, das 1638 erscheint. Die Zeichnungen (links) stammen von seiner Hand. In dem Werk hat Galilei alle seine Arbeiten auf dem Gebiet der Physik zusammengefaßt. So kann man dieses Buch Galileis als erstes Physikbuch der Neuzeit bezeichnen.

Am 22. Juni 1633 muß der alte Mann im Kloster von Santa Maria sopra Minerva, dem Hauptquartier der Dominikaner, im Büßerhemd vor seinen Richtern und einer großen Versammlung von Priestern niederknien und einen Text verlesen, in dem er erklärt, nicht mehr an die Ideen zu glauben, die er sein ganzes Leben lang vertreten hat.

So wird er „nur“ zu einer lebenslänglichen Gefängnisstrafe verurteilt. Nach Ablauf eines Jahres wird er freigelassen, und ihm wird sogar gestattet, sich in seinem eigenen Haus in Arcetri niederzulassen.

Was fängt Galilei unter diesen Umständen in seinen letzten Jahren an? Er schreibt ein Buch, verfaßt endlich das große Werk über die Bewegung, das er schon in Padua plante. Die „Unterredungen über zwei neue Wissenszweige“ begründen die neue Mechanik.

1638, vier Jahre vor seinem Tod am 8. Januar 1642, weiß der alte Mann, daß sein Buch von den Gelehrten in ganz Europa gelesen wird. Er weiß, daß das ptolemäische Weltbild nicht mehr lange bestehen wird.

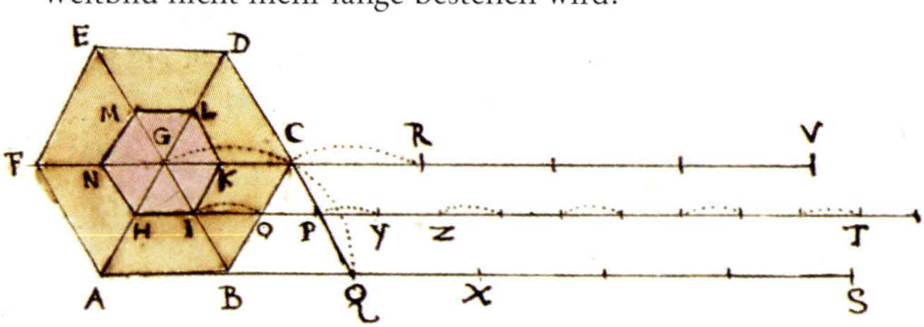

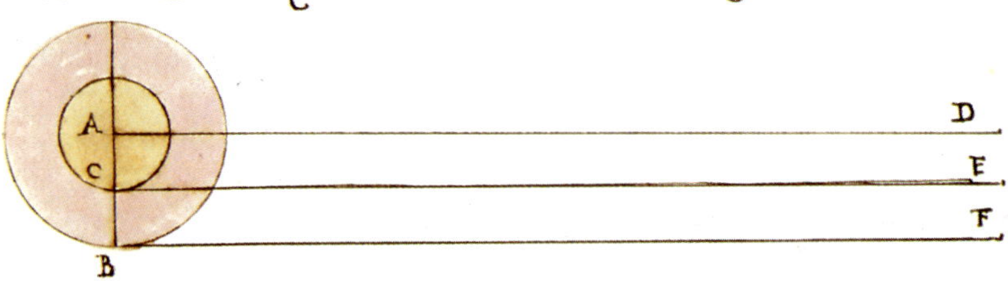

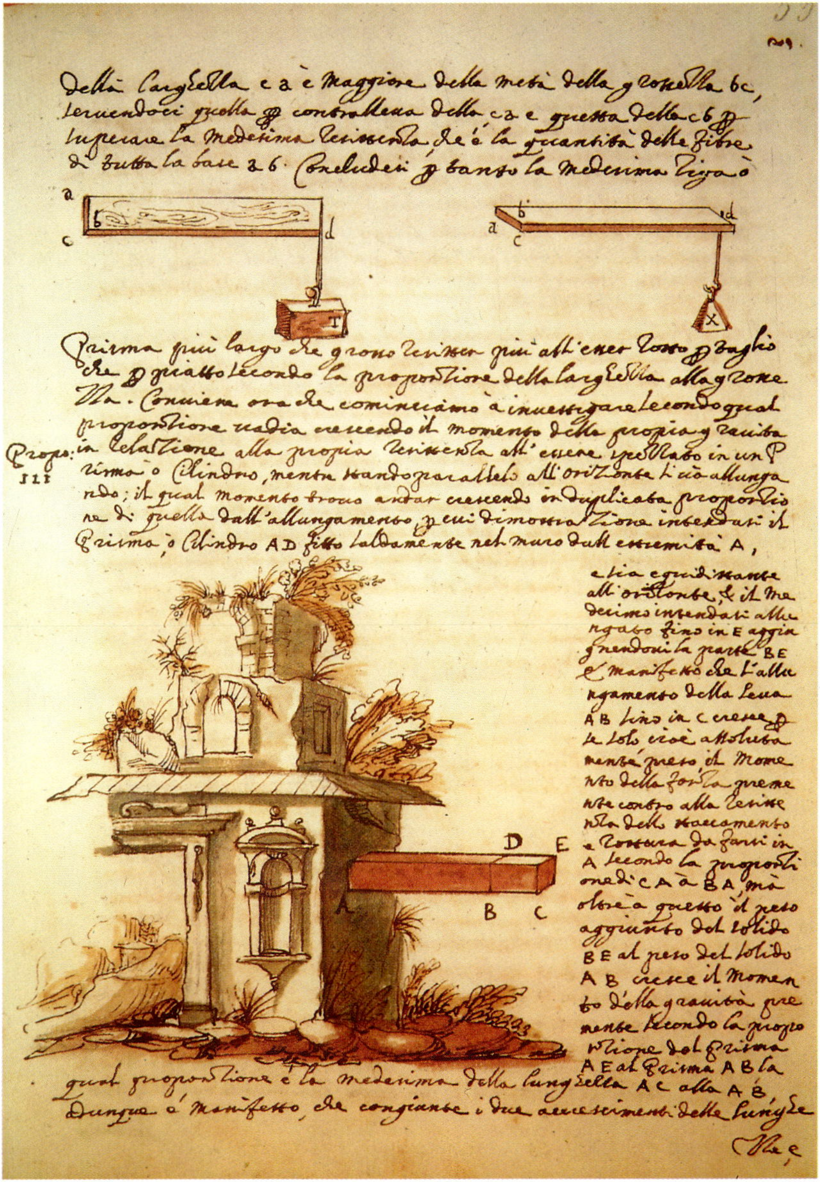

della larghezza ca è maggiore della metà della grossezza bc, servendoci quella per contralleva della ca e questa della cb per superare la medesima resistenza, che è la quantità delle fibre di tutta la base ab. Concluderei per tanto la medesima riga o prisma più largo che grosso resister più all'esser rotto per taglio che per piatto secondo la proporzione della larghezza alla grossezza. Conviene ora che cominciamo a investigare secondo qual proporzione vadia crescendo il momento della propria gravità in relazione alla propria resistenza all'essere spezzato in un prisma o cilindro, mentre stando parallelo all'orizonte si va allungando; il qual momento trovo andar crescendo in duplicata proporzione di quella dell'allungamento, per cui dimostrazione intendasi il prisma o cilindro AD fitto saldamente nel muro dall'estremità A,

Propo: III

e sia equidistante all'orizonte, e il medesimo intendasi allungato fino in E aggiugnendovi la parte BE. È manifesto che l'allungamento della leva AB fino in C cresce per se solo, cioè assolutamente preso, il momento della forza premente contro alla resistenza del staccamento e rottura da farsi in A secondo la proporzione di CA a BA, ma oltre a questo il peso aggiunto del solido BE al peso del solido AB cresce il momento della gravità premente secondo la proporzione del prisma AE al prisma AB la qual proporzione è la medesima della lunghezza AC alla AB. Dunque è manifesto, che congiunti i due accrescimenti delle lunghe zze

ZEUGNISSE UND DOKUMENTE

Galileis Schriften

Das Werk Galileo Galileis zeichnet sich dadurch aus, daß es allgemeinverständlich geschrieben und nach streng logischen Gesichtspunkten aufgebaut ist. In seinen Büchern behandelt Galilei nicht nur Fragen der Astronomie, sondern bezieht auch zu allgemein physikalischen Themen Stellung.

Astrolabium aus dem Ende des 16. Jahrhunderts, wahrscheinlich von Galilei verwendet.

Galileis „Dialog über die beiden hauptsächlichen Weltsysteme" (1632) befaßt sich in erster Linie mit den Fragen der Astronomie. Dabei betont er, daß es sich um eine mathematische Gedankenspielerei handle, und bemüht sich, durch die Form des Gesprächs zwischen Simplicio, Salviati und Sagredo seine eigene Position nicht allzu deutlich werden zu lassen.

In den letzten Jahren erließ man in Rom ein heilsames Edikt, welches den gefährlichen Ärgernissen der Gegenwart begegnen sollte und der pythagoreischen Ansicht, daß die Erde sich bewege, rechtzeitiges Schweigen auferlegte. Es fehlte nicht an Stimmen, welche in den Tag hinein behaupteten, jener Beschluß verdanke seine Entstehung nicht einer sachverständigen Prüfung, sondern sei hervorgegangen aus Parteileidenschaft, der nicht genügende Kenntnisse zur Seite stünden. Es wurden Klagen laut, daß Konsultoren, welche mit dem Stande der astronomischen Wissenschaft völlig unbekannt seien, durch ein plötzliches Verbot den forschenden Geistern die Flügel nicht hätten stutzen sollen. Unmöglich konnte mein Eifer beim Anhören so leichtfertiger Beschwerden stille bleiben. Wohlvertraut mit jenem so weisen Beschlusse, entschied ich mich dafür, auf der Schaubühne der Welt als Zeuge aufrichtiger Wahrheit aufzutreten. Ich war damals in Rom anwesend; ich hatte die höchsten geistigen Würdenträger des dortigen Hofes nicht nur zu Zuhörern, sondern fand auch ihren Beifall. So erfolgte denn die Veröffentlichung jenes Dekrets nicht, ohne daß man mich vorher einigermaßen davon in Kenntnis gesetzt hätte. Darum ist meine Absicht, in vorliegender mühevoller Arbeit den fremden Nationen zu beweisen, daß man in Italien und insbesondere in Rom über diese Materie ebensoviel weiß, als nur immer die Forschung jenseits der Alpen darüber ermittelt haben mag. Durch Zusammenstellung aller eigenen Untersuchungen über das kopernikanische System will ich zeigen, daß die Erkenntnis von alledem der römischen Zensur voranging, daß mithin dieser Himmelsstrich nicht nur die Heimat der Dogmen für das Seelenheil ist, sondern daß auch die scharfsinnigen Entdeckungen zur Vergnügung der Geister von ihm ausgehen.

Zu diesem Zwecke habe ich im Laufe der Unterredung die Partei des Kopernikus ergriffen, und als rein mathematische Hypothese versuche ich, mit Hilfe aller möglichen Kunstgriffe nachzuweisen, daß dieses System dem von der Unbewegtheit der Erde zwar nicht schlechthin überlegen ist, wohl aber in Ansehung der Gegengründe, die von einigen vorgebracht werden, die sich Peripatetiker nennen, aber nur den Namen übernehmen und, ohne selbst umherzuwandeln, sich zufriedengeben, Gespenster zu verehren. Sie suchen nicht, vermöge eigenen Nachdenkens die Wahrheit zu erforschen, sondern einzig und allein mittels der Erinnerung an vier mißverstandene Prinzipien. (...)

SAGREDO Ich befand mich eines Tages im Hause eines in Venedig sehr angesehenen Arztes, wohin manchmal Leute kamen, teils ihrer Studien wegen, teils aus Neugier, um eine Leichensektion von der Hand eines ebenso wahrhaft gelehrten wie sorgfältigen und geschickten Anatomen ausführen zu sehen. Diesen Tag nun geschah es, daß man den Ursprung und den Ausgangspunkt der Nerven aufsuchte, welches eine berühmte Streitfrage zwischen den Ärzten aus der Schule des Galen und den Peripatetikern ist. Als nun der Anatom zeigte, wie sich der Hauptstamm der Nerven, vom Gehirn ausgehend, den Nacken entlangzieht, sich durch das Rückgrat erstreckt und durch den ganzen Körper verzweigt, und wie nur ein ganz feiner Faden von Zwirnsdicke zum Herzen gelangt, wendete er sich an einen Edelmann, der ihm als Peripatetiker bekannt war, und um dessentwillen er mit außerordentlicher Sorgfalt alles bloßgelegt und gezeigt hatte, mit der Frage, ob er nun zufrieden sei und sich überzeugt habe, daß die Nerven im Gehirn ihren Ursprung nehmen und nicht im Herzen. Worauf unser Philosoph, nachdem er ein Weilchen in Gedanken dagestanden, erwiderte: Ihr habt mir das alles so klar, so augenfällig gezeigt – stünde nicht der Text des Aristoteles entgegen, der deutlich besagt, der Ursprung der Nerven liege im Herzen, so sähe man sich zu dem Zugeständnis gezwungen, daß Ihr recht habt.

SIMPLICIO Ich möchte die Herren doch darauf aufmerksam machen, daß dieser Streit über den Ursprung der Nerven keineswegs so ausgemacht und entschieden ist, wie sich mancher vielleicht einbildet.

SAGREDO Er wird es auch zuverlässig niemals werden; denn es wird nie an solchen Widersachern fehlen:

indessen benimmt das, was Ihr sagt, der Antwort des Peripatetikers nichts von ihrer Wunderlichkeit; denn er brachte gegen eine so augenscheinliche Erfahrung nicht etwa andere Erfahrungen oder Gründe aus Aristoteles vor, sondern nichts als seine Autorität, das bloße *ipse dixit*.

SIMPLICIO Wenn man sich aber von Aristoteles lossagt, wer soll dann Führer in der Wissenschaft sein? Nennt irgendeinen Autor!

SALVIATI Des Führers bedarf man in unbekannten wilden Ländern, in offener ebener Gegend brauchen nur Blinde einen Schutz. Wer zu diesen gehört, bleibe besser daheim. Wer aber Augen hat, körperliche und geistige, der nehme diese zum Führer! Darum sage ich nicht, daß man Aristoteles nicht hören soll, ja ich lobe es, ihn einzusehen und ihn fleißig zu studieren. Ich tadele nur, wenn man auf Gnade oder Ungnade sich ihm ergibt, derart, daß man blindlings jedes seiner Worte unterschreibt, und ohne nach anderen Gründen zu forschen, diese als einen unumstößlichen Erlaß anerkennen soll. Es ist das ein Mißbrauch, der ein anderes schweres Übel zur Folge hat: man bemüht sich nicht mehr, sich von der Strenge seiner Beweise zu überzeugen. Was kann es Schmählicheres geben, als zu sehen, wie bei öffentlichen Disputationen, wo es sich um beweisbare Behauptungen handelt, urplötzlich jemand ein Zitat vorbringt, das gar oft auf einen ganz anderen Gegenstand sich bezieht, und mit diesem dem Gegner den Mund stopft? Wenn Ihr aber durchaus fortfahren wollt, auf diese Weise zu studieren, nennt Euch fernerhin nicht Philosophen, nennt Euch Historiker oder Doktoren der Auswendiglernerei; denn wer niemals philosophiert, der darf den Ehrentitel eines Philosophen nicht beanspruchen. (...)

SIMPLICIO Mir ist dieser Bau noch nicht recht verständlich; vielleicht macht eine kleine Zeichnung die Sache klarer, so daß man sich leichter darüber auseinandersetzen kann.

SALVIATI So sei es; ja zu Euerer um so größeren Genugtuung und Verwunderung möchte ich, daß Ihr selbst diesen Bau zeichnet und seht, wie gut Ihr ihn versteht, wiewohl Ihr glaubt, Ihr verstündet ihn nicht. Ihr sollt den Entwurf Punkt für Punkt bloß anhand der Antworten auf meine Fragen anfertigen. Nehmt also ein Blatt und einen Zirkel. Dieses weiße Papier sei die unermeßliche Ausdehnung des Weltalls, innerhalb deren Ihr seine Teile anordnen und zueinander stellen mögt, wie die Vernunft es Euch vorschreiben wird. Zunächst, da Ihr ohne meine besondere Belehrung die Erde für in diesem Weltall befindlich haltet, nehmt nach Eurem Gutdünken einen Punkt an, um den herum Ihr sie Euch gelegen denkt und bezeichnet diesen mit irgendeinem Buchstaben.

SIMPLICIO Hier der Punkt A sei der Ort des Erdballs.

SALVIATI Sehr wohl. Zweitens ist Euch, wie ich weiß, sehr wohl bekannt, daß die Erde nicht innerhalb des Sonnenkörpers sich befindet, auch diesen nicht berührt, sondern durch einen gewissen Zwischenraum davon getrennt ist. Gebt also der Sonne nach Eurem Gutdünken irgendeinen anderen Platz so weit von der Erde entfernt wie Ihr wollt und bezeichnet auch diesen.

SIMPLICIO Ist geschehen; der Ort des Sonnenkörpers sei O.

SALVIATI Nach Festlegung dieser beiden Weltkörper wollen wir uns überlegen, wie der Ball der Venus unterzubringen ist, so daß ihre Stellung und Bahn sich mit dem in Übereinstimmung bringen läßt, was die sinnlichen Erscheinungen uns lehren. Ruft Euch also ins Gedächtnis zurück, welche auf diesen Stern bezüglichen Vorgänge Euch bekannt sind, sei es aus unseren bisherigen Gesprächen, sei es aus eigenen Beobachtungen, und weist ihm sodann die Stellung an, die Euch für ihn passend erscheint.

Die Venus als Sichel.

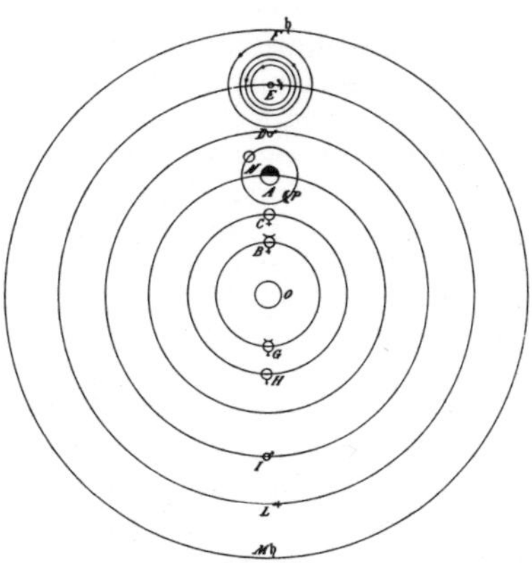

SIMPLICIO Angenommen, daß die von Euch erwähnten Erscheinungen tatsächlich richtig sind, die ich übrigens auch in dem „Thesenbüchlein“ angeführt gesehen habe, so entfernt sich genannter Stern von der Sonne niemals weiter als um 40 und einige Grad, kann also niemals mit ihr in Opposition, auch nicht in Quadratur, ja nicht einmal in einem Winkel von 60 Grad sich befinden; weiter zeigt sich Venus zu einer Zeit vierzigmal größer als zu anderer, am größten nämlich wenn sie rückläufig in die abendliche Konjunktion mit der Sonne sich begibt, am kleinsten, wenn sie rechtläufig unmittelbar vor der morgendlichen Konjunktion steht. Wenn es ferner richtig ist, daß sie zur Zeit, wo sie am größten erscheint sichelförmig aussieht, zur Zeit hingegen, wo sie am kleinsten erscheint, vollkommen rund ist, wenn alle diese Tatsachen richtig sind, sage ich, so kann man nicht umhin zu behaupten, daß genannter Stern sich in einem Kreis um die Sonne bewegt.

Denn besagter Kreis kann unmöglich die Erde umfassen und in sich schließen, noch auch unterhalb der Sonne, d.h. zwischen ihr und der Erde, noch auch oberhalb der Sonne liegen: er kann die Erde nicht umfassen, weil sonst Venus bisweilen in Opposition zur Sonne käme; er kann nicht unterhalb der Sonne gelegen sein, weil sonst bei beiden Konjunktionen Venus sichelförmig erscheinen müßte; er kann endlich nicht oberhalb der Sonne gelegen sein, sonst würde sie stets rund und niemals gehörnt erscheinen. Ich werde demnach als ihren Bereich den Kreis CH um die Sonne so zeichnen, daß er die Erde nicht umfaßt.

SALVIATI Nachdem Venus untergebracht ist, müßt Ihr an Merkur denken. Dieser bleibt, wir Ihr wißt, stets in nächster Nähe bei der Sonne und entfernt sich von ihr noch weniger als Venus. Überlegt also, welcher Ort ihm zuzuweisen ist.

SIMPLICIO Unzweifelhaft ist für ihn, der dasselbe Verhalten wie Venus zeigt, der angemessenste Raum ein kleinerer Kreis um die Sonne innerhalb der Bahn der Venus, namentlich da seine Nähe bei der Sonne bewiesen und aufs deutlichste sichtbar gemacht wird durch die Lebhaftigkeit seines Glanzes welcher den der Venus und der übrigen Planeten an Stärke übertrifft. Wir können auf dieser Grundlage seinen Kreis bestimmen und wollen ihn mit den Buchstaben BG bezeichnen.

SALVIATI Wo werden wir ferner Mars unterbringen?

SIMPLICIO Da Mars in Opposition zur Sonne gelangt, so muß seine Bahn notwendig die Erde umschließen; ich sehe indessen ein, daß sie auch die Sonne umfassen muß: Denn ginge er bei der Konjunktion mit der Sonne nicht hinter, sondern vor ihr vorüber, so würde er so gut wie die Venus und der Mond sichelförmig erscheinen müssen; da er sich aber immer rund zeigt, so muß er notwendig mit seiner Bahn nicht nur die Erde, sondern auch die Sonne umfassen. Nun erinnere ich mich daran, daß Ihr sagtet, er scheine in Opposition mit der Sonne sechzigmal größer zu sein als zur Zeit der Konjunktion; diesen Erscheinungen wird meiner Ansicht nach aufs beste Rechnung getragen, wenn wir Mars einen Kreis anweisen, dessen Zentrum die Sonne ist und der die Erde umschließt. Ich zeichne hiermit einen solchen und nenne ihn DI; im Punkt D steht Mars der Erde am nächsten und befindet sich in Opposition zur Sonne; weilt er hingegen im Punkt I, so ist er in Konjunktion mit der Sonne, aber in größter Entfernung von der Erde. Da nun die gleichen Erscheinungen bei Jupiter und Saturn eintreten, wiewohl die Verschiedenheit in der scheinbaren Größe von Jupiter geringer ist als bei Mars, und bei Saturn noch geringer als bei Jupiter, so glaube ich einzusehen, daß wir am schicklichsten auch diesen Planeten zwei um die Sonne laufende Kreise anweisen, den einen hier für Jupiter bezeichne ich mit EL, den anderen höhergelegenen für den Saturn nenne ich FM.

SALVIATI Ihr habt bis jetzt Eure Sache vortrefflich gemacht. Da nun, wie Ihr seht, die Annäherung und Entfernung der drei oberen Planeten sich um den doppelten Betrag der Entfernung von Erde und Sonne ändert, so bewirkt dies eine größere Verschiedenheit bei Mars als bei Jupiter, weil der Kreis DI des Mars kleiner ist als der Kreis EL des Jupiter. Da ebenso der Kreis EL kleiner ist als der Kreis FM des Saturn, so ist bei diesem eben jene Differenz noch geringer als bei Mars, und dies entspricht ganz genau den Erscheinungen. Ihr habt jetzt nur noch zu erwägen, welcher Platz dem Mond anzuweisen sei.

SIMPLICIO Da wir – um dieselbe, wie ich glaube, völlig stichhaltige Methode anzuwenden – den Mond bald in Konjunktion, bald in Opposition zur Sonne sehen, so muß man notwendig sagen, daß seine Kreisbahn die Erde in sich faßt; sie braucht hingegen nicht auch um die Sonne herumzugehen; sonst würde der Mond zur Zeit der Konjunktion nicht sichelförmig, sondern immer rund und vollbeleuchtet aussehen: Überdies könnte er nicht, wie es häufig geschieht, Verfinsterungen der Sonne dadurch bewirken, daß er zwischen sie und uns tritt. Man muß ihm also eine Kreisbahn um die Erde beilegen, wie etwa NP. Steht er also in P, so erscheint er von der Erde A aus gesehen in Konjunktion mit der Sonne und kann sie eben dadurch bisweilen verfinstern; steht er hingegen in N so erscheint er in Opposition zur Sonne, so daß dann möglicherweise der Erdschatten auf ihn fällt und er verdunkelt wird. (...)

Partielle Sonnenfinsternis vom 20. Juli 1987, beobachtet bei Kiel, kurz vor Sonnenuntergang. Der Mond verdeckte die Sonne nur teilweise.

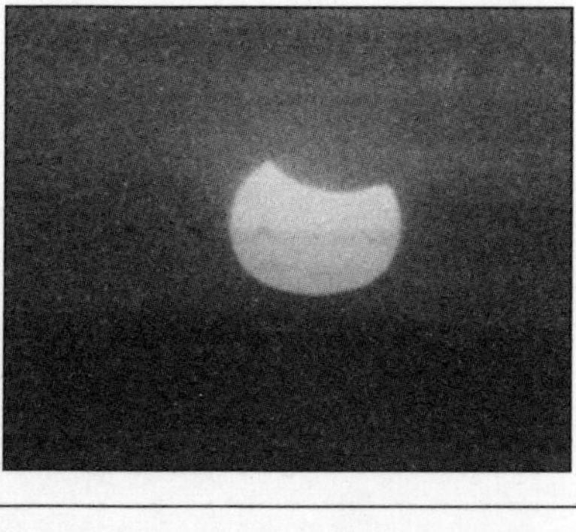

SALVIATI Was endlich die dritte, der Erde von Kopernikus zugeschriebene Bewegung anlangt, nämlich die Drehung in sich selbst innerhalb eines Jahres, welche bloß dazu dient, um ihrer Achse dauernd die Neigung und Richtung nach einer und derselben Seite des Firmaments zu verleihen, so will ich Euch darüber eine höchst bemerkenswerte Ansicht mitteilen. Weit entfernt nämlich, daß sie – obgleich der anderen jährlichen Bewegung entgegengesetzt – mit dieser im Widerspruch stünde oder Bedenken erregen könnte, kommt sie vielmehr durchaus von Natur und ohne irgendwelche bewegende Ursache jedwedem schwebenden und im Gleichgewicht befindlichen Körper zu. Wenn ein solcher ringsherum längs einer Kreisperipherie fortgeführt wird, so kommt sofort von selbst eine Drehung um den eigenen Mittelpunkt hinzu, die der ihn im Kreise fortführenden Drehung entgegengesetzt ist und deren Geschwindigkeit so groß ist, daß beide Drehungen genau in derselben Zeit beendet werden. Ihr könnt Euch von dieser merkwürdigen und auf unseren Gegenstand bezüglichen Tatsache überzeugen, indem Ihr in eine Schüssel Wasser eine darauf schwimmende Kugel bringt und das Gefäß in der Hand haltet: wenn Ihr Euch nun auf den Fußsohlen herumdreht, werdet Ihr sofort sehen, wie die Kugel anfängt, sich um sich selbst zu drehen, und zwar entgegengesetzt zu der Drehungsrichtung der Schüssel, und wie sie ihre Umdrehung gleichzeitig mit der des Gefäßes beendet. Was ist nun die Erde anderes als eine in dünner, nachgiebiger Luft schwebende Kugel, die in einem Jahr längs der Peripherie eines großen Kreises ringsherum geführt wird und folglich ohne weitere bewegende Ursache eine jährliche Drehung annehmen muß, die der anderen gleichfalls jährlichen Bewegung entgegengesetzt ist? Ihr könnt Euch von dieser Erscheinung überzeugen; wenn Ihr aber dann genauer überlegt, so werdet Ihr bemerken, daß sie nichts Wirkliches ist, sondern bloßer Schein. Was Euch wie eine Drehung um den eigenen Mittelpunkt vorkommt, ist in Wirklichkeit ein Sich-nicht-Bewegen, ein Unverändertbleiben in bezug auf alles das, was sich an Eurer Bewegung und an der des Gefäßes nicht beteiligt. Denn bringt Ihr auf jener Kugel irgendeine Marke an und achtet darauf, nach welcher Wandseite des Zimmers, in dem Ihr Euch befindet, oder nach welcher Gegend der Landschaft oder des Himmels sie gerichtet ist, so werdet Ihr besagte Marke bei Eurer und des Gefäßes Drehung stets nach derselben Seite gerichtet finden. Vergleicht Ihr aber ihre Lage mit dem Gefäße oder mit Euch selbst, also zwei beweglichen Objekten, so wird sie allerdings scheinbar ihre Richtung ändern und sich mit einer Bewegung, die der Euren und der des Gefäßes entgegengesetzt ist, allen Punkten des Gefäßrandes zuwenden; man kann daher mit größerem Recht sagen, daß Ihr und das Gefäß um die unbewegte Kugel Euch dreht, als daß diese innerhalb des Gefäßes rotiert.

Galileo Galilei:
„Dialog über die beiden hauptsächlichen Weltsysteme"

Das 4 m-Teleskop im Nationalen Astronomischen Observatorium Kitt Peak, Tucson, USA.

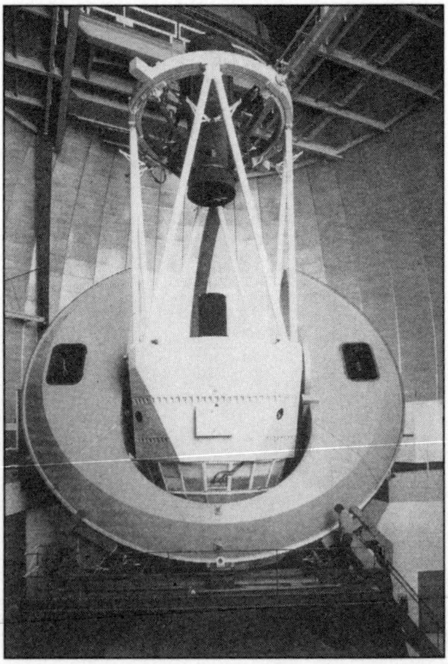

In seinem Werk „Unterredungen und mathematische Demonstrationen" (1638) befaßt sich Galilei mit den unterschiedlichsten physikalischen Fragen. In den folgenden Ausschnitten wird deutlich, in welcher Weise Galilei seine Ergebnisse aus der genauen Beobachtung seiner Versuche und durch logische Schlußfolgerung erzielt.

SAGR. Aber welcher Art und wie groß dürfen wir die Lichtgeschwindigkeit schätzen? Ist die Erscheinung instantan, momentan oder wie andere Bewegungen zeitlich? Ließe sich das experimentell entscheiden?

SIMPL. Die alltägliche Erfahrung lehrt, daß die Ausbreitung des Lichtes instantan sei; wenn in weiter Entfernung die Artillerie Schießübungen anstellt, so sehen wir den Glanz der Flamme ohne Zeitverlust, während das Ohr den Schall erst nach merklicher Zeit vernimmt.

SAGR. Ei, Herr Simplicio, aus diesem wohlbekannten Versuche läßt sich nichts anderes schließen, als daß der Schall mehr Zeit braucht, als das Licht; aber keineswegs, daß das Licht momentan und nicht zeitlich, wenn auch sehr schnell sei. Auch eine andere ähnliche Beobachtung lehrt nicht mehr: sofort wenn die Sonne am Horizonte erscheint, erblicken wir ihre Strahlen; aber wer sagt mir, daß die Strahlen nicht früher am Horizont, als in meinen Augen ankommen?

SALV. Die geringe Entscheidungskraft dieser und anderer ähnlicher Vorgänge brachte mich auf den Gedanken, ob man nicht auf irgend eine Weise sicher entscheiden könne, ob die Illumination, d.h. die Ausbreitung des Lichtes wirklich instantan sei: Denn schon die ziemlich rasche Fortpflanzung des Schalles läßt voraussetzen, daß die des Lichtes nur sehr schnell sein könne. Und der Versuch, den ich ersann, war folgender: Von zwei Personen hält eine jede ein Licht in einer Laterne oder etwas dem ähnlichen, so zwar, daß ein jeder mit der Hand das Licht zu- und aufdekken könne; dann stellen sie sich einander gegenüber auf in einer kurzen Entfernung und üben sich, ein jeder dem anderen sein Licht zu verdecken und aufzudecken: So zwar, daß, wenn der eine das andere Licht erblickt, er sofort das seine aufdeckt; solche Korrespondenz wird wechselseitig mehrmals wiederholt, so daß bald ohne Fehler beim Aufdecken des einen sofort das Aufdecken des andern erfolgt und, wenn der eine sein Licht aufdeckt, er auch alsobald das des anderen erblicken wird. Eingeübt in kleiner Distanz, entfernen sich die beiden Personen mit ihren Laternen bis auf 2 oder 3 Meilen; und indem sie nachts ihre Versuche anstellen, beachten sie aufmerksam, ob die Beantwortung ihrer Zeichen, in demselben Tempo wie zuvor, erfolge, woraus man wird erschließen können, ob das Licht sich instantan fortpflanzt; denn wenn das nicht der Fall wäre, so müßte in 3 Meilen Entfernung, also auf 6 Meilen Weg hin und her, die Verzögerung ziemlich gut bemerkbar sein. Und wollte man den Versuch in noch größerer Entfernung anstellen, in 8 oder 10 Meilen, so könnte man Teleskope benutzen, indem man die Experimentatoren da aufstellt, wo man nachts Lichter anzuwenden pflegt, die zwar in so großer Entfernung dem bloßen Auge nicht mehr sichtbar erscheinen, aber mit Hilfe fest aufgestellter Teleskope bequem zu- und aufgedeckt werden können. (...) Ich habe den Versuch nur in geringer Entfernung angestellt, in weniger als einer Meile, woraus noch kein Schluß über die Instantaneität des Lichtes zu ziehen war; aber wenn es nicht momentan ist, so ist es doch sehr schnell, ja fast momentan, und ich würde es vergleichen mit dem Blitze, den wir 8 bis 10 Meilen weit zwischen den Wolken sehen; hier können wir den Anfang unterscheiden, ja geradezu die Quelle, an einem bestimmten Orte zwischen den Wolken; und wenn auch unmittelbar darauf die rascheste Ausbreitung statthat in den umgebenden Wolken, so erkennt man doch einen zeitlichen Vorgang; denn wenn die Erleuchtung überall zugleich und nicht folgweise stattfände, so könnten wir schwerlich den Ursprung unterscheiden, das Zentrum seiner Bahnen und der Ausläufer. (...)

SAGR. Aber ich, Herr Simplicio, der ich keinen Versuch angestellt habe, versichere Euch, daß eine Kanonenkugel von 100, 200 und mehr Pfund um keine Spanne vor einer Flintenkugel von einem halben Pfund Gewicht die Erde erreichen wird, wenn beide aus 200 Ellen Höhe herabkommen.

SALV. Ohne viel Versuche können wir durch eine kurze, bindende Schlußfolgerung nachweisen, wie unmöglich es sei, daß ein größeres Gewicht sich schneller bewege, als ein kleineres, wenn beide aus gleichem Stoff bestehen; und überhaupt alle jene Körper, von denen Aristoteles spricht. Denn sagt mir, Herr Simplicio, gebt Ihr zu, daß jeder fallende Körper eine von Natur ihm zukommende Geschwindigkeit habe; so daß, wenn dieselbe vermehrt oder vermindert werden soll, eine Kraft angewandt werden muß oder ein Hemmnis.

SIMPL. Unzweifelhaft hat ein Körper in einem gewissen Mittel eine von Natur bestimmte Geschwindigkeit, die nur mit einem neuen Antrieb vermehrt oder durch ein Hindernis vermindert werden kann.

SALV. Wenn wir zwei Körper haben, deren natürliche Geschwindigkeit verschieden sei, so ist es klar, daß, wenn wir den langsameren mit dem geschwinderen vereinigen, dieser letztere von jenem verzögert werden müßte, und jener, der langsamere, müßte vom schnelleren beschleunigt werden. (...) Aber wenn dieses richtig ist, und wenn es wahr wäre, daß ein großer Stein sich z.B. mit 8 Maß Geschwindigkeit bewegt, und ein kleinerer Stein mit 4 Maß, so würden beide vereinigt eine Geschwindigkeit von weniger als 8 Maß haben müssen; aber die beiden Steine zusammen sind doch größer als jener größere Stein war, der 8 Maß Geschwindigkeit hatte; mithin würde sich nun der größere langsamer bewegen, als der kleinere; (...) Ihr seht also, wie aus der Annahme, ein größerer Körper habe eine größere Geschwindigkeit, als ein kleinerer Körper, ich Euch weiter folgern lassen konnte, daß ein größerer Körper langsamer sich bewege als ein kleinerer.

Galileo Galilei:
„Unterredungen und mathematische Demonstrationen“

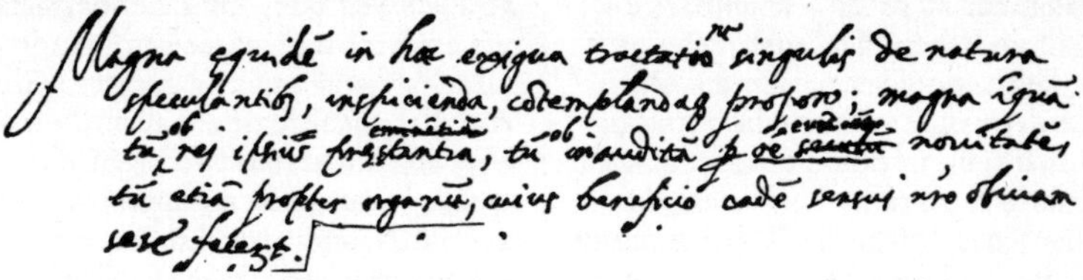

Magna equidem in hac exigua tractatione singulis de natura speculantibus inspicienda contemplandaque propono. Magna, inquam, tum ob rei ipsius praestantiam, tum ob inauditam per aevum novitatem, tum etiam propter Organum, cuius beneficio eadem sensui nostro obviam sese fecerunt.

Beginn des „Sidereus Nuncius", Handschrift Galileis (Große Dinge ...).

In seinem wohl bekanntesten Werk, dem „Sternenboten" (1610), setzt sich Galilei mit dem ptolemäischen und dem kopernikanischen Weltbild auseinander. Die Erkenntnisse, die Galilei hier dokumentiert, verdankt er nicht zuletzt seinen Beobachtungen mit dem Fernrohr.

Große Dinge lege ich in dieser kleinen Abhandlung den einzelnen Naturforschern zur Untersuchung und Betrachtung vor. Große, sage ich, einmal wegen der Bedeutung der Sache selbst, sodann wegen der für alle Zeiten unerhörten Neuigkeit und schließlich auch wegen des Gerätes, durch dessen Hilfe sich diese Dinge meiner Sinneswahrnehmung dargeboten haben.

Es ist wirklich etwas Großes, zu der zahlreichen Menge von Fixsternen, die mit unserem natürlichen Vermögen bis zum heutigen Tag wahrgenommen werden konnten, unzählige andere hinzuzufügen und offen vor Augen zu stellen, die vorher niemals gesehen worden sind und die die alten und bekannten um mehr als die zehnfache Menge übersteigen.

Ein sehr schöner und erfreulicher Anblick ist es, den Mondkörper, der etwa sechzig Erdhalbmesser von uns entfernt ist, so aus der Nähe zu betrachten, als wäre er nur zwei solcher Längen entfernt. Dadurch erscheint der Durchmesser des Mondes ungefähr dreißigmal, seine Oberfläche neunhundertmal und sein Volumen annähernd siebenundzwanzigtausendmal so groß, als wenn man ihn nur mit bloßem Auge betrachtet. Man erkennt dabei dann aufgrund sinnlicher Gewißheit, daß der Mond keineswegs eine sanfte und glatte, sondern eine rauhe und unebene Oberfläche besitzt und daß er, ebenso wie das Antlitz der Erde selbst, mit ungeheuren Schwellungen, tiefen Mulden und Krümmungen überall dicht bedeckt ist.

Den Streit um die Milchstraße überdies beendet und ihr Wesen für die Sinneswahrnehmung – vom Verstand nicht zu reden – offenbar gemacht zu haben, darf man, scheint mir, keineswegs gering achten. Und außerdem wird es sehr schön und erfreulich sein, mit dem Finger auf die Substanz der Sterne zu weisen, die bisher jeder Astronom Nebel genannt hat, und daß sie eine völlig andere ist, als man bislang geglaubt hat.

Was aber alles Erstaunen weit übertrifft und was mich hauptsächlich veranlaßt hat, alle Astronomen und Philosophen zu unterrichten, ist die Tatsache, daß ich nämlich vier Wandelsterne gefunden habe, die keinem unserer Vorfahren bekannt gewesen und von keinem beobachtet worden sind. Sie kreisen um einen bestimmten auffallenden Stern aus der Zahl der bekannten, wie Venus und Merkur um die Sonne, und laufen ihm bald vor, bald nach, wobei sie sich nie über bestimmte Grenzen hinaus von ihm entfernen. Dies alles ist vor wenigen Tagen mit Hilfe eines von mir nach einer Erleuchtung durch göttliche Gnade erdachten Augenglases entdeckt und beobachtet worden.

Vielleicht werden von Tag zu Tag weitere, bedeutendere Entdeckungen entweder von mir oder von anderen mit Hilfe eines ähnlichen Gerätes gemacht werden. Seine Form und Anfertigung sowie die Gelegenheit seiner Erfindung werde ich zunächst kurz erwähnen und dann die Geschichte der Beobachtungen erzählen, die ich gemacht habe.

Vor ungefähr zehn Monaten kam mir ein Gerücht zu Ohren, von einem gewissen Belgier sei ein Augenglas entwickelt worden, durch dessen Hilfe man sichtbare Gegenstände, mochten sie auch weit vom Auge des Betrachters entfernt sein, so deutlich wahrnahm, als sähe man sie aus der Nähe. Von dieser wahrhaft erstaunlichen Wirkung kursierten etliche Erfahrungsberichte, denen einige Glauben schenkten, andere nicht. Dasselbe wurde mir wenige Tage später in einem Brief von dem französischen Edelmann Jacques Badouère aus Paris bestätigt. Das war schließlich der Anlaß, daß ich mich ganz der Aufgabe widmete, ein Prinzip zu erforschen sowie Mittel zu ersinnen, durch die ich zur Erfindung eines ähnlichen Gerätes gelangen könnte. Sie gelang mir wenig später, nachdem ich mich in die Lehre von den Brechungen des Lichts vertieft hatte.

An erster Stelle will ich über das Antlitz des Mondes, das sich unserem Blick zukehrt, reden. Zum leichteren Verständnis teile ich es in zwei Teile, nämlich einen helleren und einen dunkleren: der hellere scheint die ganze Halbkugel zu umgeben und auszufüllen, der dunklere aber trübt das Antlitz wie eine Art Wolken und macht es fleckig. Diese leicht dunklen und ziemlich ausgedehnten Flecken sind für jedermann offenkundig, und jedes Zeitalter hat sie gesehen. Deshalb werde ich sie die „großen" oder die „alten" nennen, zum Unterschied von anderen Flecken, die in der Ausdehnung kleiner, aber infolge ihrer Menge so dicht beieinander gelegen sind, daß die ganze Mondoberfläche, besonders jedoch der hellere Teil, mit ihnen übersät ist. Diese sind von niemandem vor mir beobachtet worden. Durch häufig wiederholte Untersuchungen dieser Flecken nun bin ich zu der Überzeugung sicherer Erkenntnis gekommen, daß die Oberfläche des Mondes nicht glatt, regelmäßig und von vollkommener Rundung ist, wie es eine große Schar von Philosophen vom Mond selbst und von den übrigen Himmelskörpern geglaubt hat, sondern daß sie im Gegenteil uneben, rauh und ganz mit Höhlungen und Schwellungen bedeckt ist, nicht anders als das Antlitz der Erde selbst, das durch Bergrücken und Talsenken allenthalben unterschiedlich gestaltet ist. Die Erscheinungen, aus denen man dies erschließen konnte, sind folgender Art:

Am vierten oder fünften Tag nach Neumond, wenn sich uns der Mond mit strahlenden Hörnern darbietet, verläuft die Grenze, die den dunklen vom leuchtenden Teil scheidet, nicht mehr gleichmäßig auf einer ovalen Linie, wie sie es auf einem vollkommen runden Körper täte, sondern sie beschreibt eine unregelmäßige, zackige und sehr windungsreiche Linie, wie es die angefügte Zeichnung darstellt. Mehrere leuchtende Auswüchse gleichsam dehnen sich nämlich über die Grenze zwischen Licht und Finsternis in den dunklen Teil hinein aus, und andererseits dringen finstere Teilchen ins Licht vor. Ja, eine große Menge kleiner schwarzer Flecken, die gänzlich vom finsteren Teil getrennt sind, sprenkelt sogar überall fast die ganze Zone, die schon vom Sonnenlicht überflutet ist, ausgenommen nur der Teil, der die großen und alten Flecken aufweist. Ich habe festgestellt, daß die soeben erwähnten kleinen Flecken immer und alle darin übereinstimmen, daß sie einen schwarzen Teil haben, der auf die Sonne schaut, daß sie aber auf der der Sonne abgekehrten Seite von leuchtenderen Rändern wie von glühenden Gebirgskämmen gekrönt werden. Einen durchaus ähnlichen Anblick nun haben wir auf der Erde um die Zeit des Sonnenaufgangs, wenn wir sehen, wie die Täler noch nicht vom Licht durchflutet sind, die Berge aber, die sie auf der der Sonne abgekehrten Seite umgeben, gerade im Glanz erstrahlen. Und wie auf der Erde die Schatten der Höhlungen kleiner werden, wenn die Sonne höher steigt, so verlieren auch jene Mondflecken ihre Finsternis, wenn der leuchtende Teil wächst.

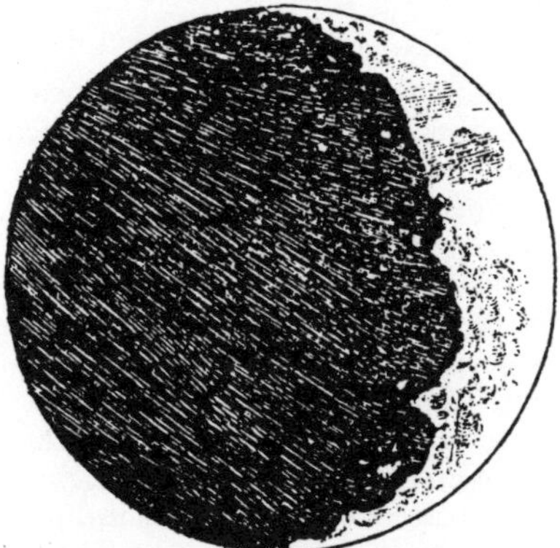

Aber man sieht nicht nur, daß die Grenze zwischen Licht und Finsternis auf dem Monde unregelmäßig und windungsreich ist, sondern – was in noch größeres Erstaunen versetzt – es erscheinen sehr viele leuchtende Spitzen innerhalb des finsteren Mondteiles, die völlig von der erleuchteten

Zone getrennt und losgerissen und über einen nicht geringen Zwischenraum von ihr entfernt sind. Sie nehmen, wenn man einige Zeit wartet, allmählich an Größe und Leuchtkraft zu, und nach zwei oder drei Stunden vereinigen sie sich mit dem übrigen leuchtenden und jetzt größer gewordenen Teil. Währenddessen jedoch entzünden sich innerhalb des finsteren Teils immer neue Spitzen, allenthalben gleichsam emporsprießend, wachsen und verbinden sich schließlich mit derselben leuchtenden Fläche, die sich noch weiter ausgedehnt hat. Ein Beispiel dafür liefert uns dieselbe Zeichnung. Werden nun nicht auf der Erde vor Sonnenaufgang, wenn der Schatten noch die Ebene bedeckt, die Gipfel der höchsten Berge von den Sonnenstrahlen erhellt? Breitet sich nicht nach einer kleinen Weile das Licht aus, bis die mittleren und breiteren Teile dieser Berge beschienen werden? Und vereinigt sich nicht schließlich nach Sonnenaufgang der Sonnenschein auf Ebenen und Hügeln? Die Höhenunterschiede solcher Erhebungen und Senkungen auf dem Monde scheinen jedoch bei weitem die Unebenheit der Erde zu übertreffen.

Noch etwas möchte ich keineswegs vergessen, das ich nicht ohne einiges Erstaunen bemerkt habe: Ungefähr die Mondmitte wird nämlich von einer Höhlung eingenommen, die größer ist als alle übrigen und eine Gestalt von vollkommener Rundung aufweist. [vgl. Abb. S. 57] Ich habe sie um die Zeit beider Viertel herum gesehen und sie in den oben an zweiter Stelle gegebenen Zeichnungen, so gut es ging, nachgeahmt: sie bietet hinsichtlich Überschattung und Beleuchtung denselben Anblick, den auf der Erde ein Gebiet ähnlich Böhmen bieten würde, wenn es rings von sehr hohen und den Umfang eines vollkommenen Kreises beschreibenden Bergen eingeschlossen wäre. Das Gebiet auf dem Monde ist nämlich von so hohen Bergwällen umgeben, daß man seinen äußersten, mit dem finsteren Mondteil zusammengrenzenden Saum im Sonnenlicht gebadet sieht, bevor noch die Grenze zwischen Licht und Schatten die Mittellinie seiner Kreisfläche erreicht. Wie bei den übrigen Flecken aber schaut sein schattiger Teil auf die Sonne, während der leuchtende zur Mondnacht hin liegt.

Die Plejaden, Zeichnung von Galileis Hand im „Sternenboten".

Meine dritte Beobachtung betrifft das Wesen der Milchstraße oder ihre Materie, die mit Hilfe des Fernrohrs so sinnenfällig zu erkennen ist, daß sowohl aller Streit, der die Philosophen durch so viele Jahrhunderte hindurch gequält hat, durch die augenfällige Gewißheit gegenstandslos wird und ich mich nicht auf wortreiche Diskussionen einzulassen brauche. Denn die Milchstraße ist nichts anderes, als eine Ansammlung von unzähligen, in Haufen gruppierten Sternen. Auf welchen ihrer Abschnitte man nämlich das Fernrohr auch richten mag, sogleich zeigt sich dem Blick eine ungeheure Menge von Sternen, von denen mehrere ziemlich groß und sehr auffallend sind; die Anzahl der kleinen jedoch ist schlechthin unerforschlich.

Aber nicht nur in der Milchstraße sieht man jenen milchigen Schimmer wie von einer weichen Wolke, sondern mehrere schwach leuchtende Stellen ähnlicher Färbung sind über den Himmel verstreut. Richtet man daher das Fernrohr auf irgendeine von ihnen, stößt man auf eine dichte Zusammenballung von Sternen. Mehr noch (und das wird man noch erstaunlicher finden): Die Sterne, die von jedem einzelnen Astronomen bis auf den heutigen Tag Nebel genannt worden sind, sind Haufen von kleinen, außerordentlich eng stehenden Sternen. Aus dem Zusammenwirken ihrer Strahlen entsteht jener Schimmer, den man bisher für einen dichteren Himmelsteil gehalten hat, der die Strahlen der Sterne oder der Sonne zu reflektieren vermag. Die einzelnen Sternchen für sich aber entziehen sich wegen ihrer Kleinheit oder sehr großen Entfernung von uns der Schärfe unserer Augen. Ich habe von diesen Nebeln einige beobachtet und will von zweien die Sternanordnungen anfügen.

Die erste zeigt den sogenannten Nebel des Orion-Hauptes, in dem ich einundzwanzig Sterne gezählt habe.

Die zweite enthält den Nebel, den man Krippe nennt. Er ist nicht nur ein einziger Stern, sondern eine Anhäufung von mehr als vierzig Sternchen.

Galileo Galilei:
„Sidereus Nuncius. Nachricht von neuen Sternen"

Sternhaufen Praesepe im Krebs.

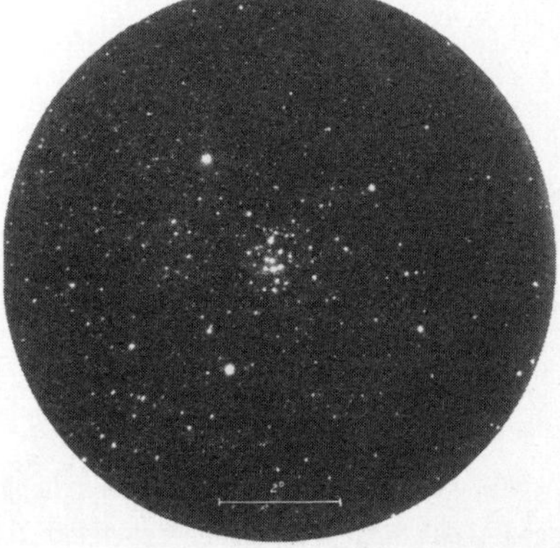

Die Kugelform der Erde

Anders als vielfach angenommen geht das ptolemäische Weltbild nicht etwa davon aus, daß die Erde flach sei. Der Gelehrtenstreit dreht sich vielmehr darum, ob die Erde sich bewegt und ob sie tatsächlich das Zentrum des Universums ist.

In seinem „Handbuch der Astronomie" weist der griechische Mathematiker und Astronom Claudius Ptolemäus (um 100 bis 160 n. Chr.) bereits ausdrücklich darauf hin, daß die Erde die Gestalt einer Kugel haben muß.

Auch die Erde ist, als Ganzes betrachtet, für die sinnliche Wahrnehmung kugelförmig.

Zu der Erkenntnis, daß auch die Erde, als Ganzes betrachtet, für die sinnliche Wahrnehmung kugelförmig sei, dürfte man am besten auf folgendem Weg gelangen. Nicht für alle Bewohner der Erde ist Aufgang und Untergang der Sonne, des Mondes und der anderen Gestirne gleichzeitig zu sehen, sondern früher stets für die nach Osten zu, später für die nach Westen zu wohnenden. Wir finden nämlich, daß der momentan gleichzeitig stattfindende Eintritt der Finsterniserscheinungen, und besonders der Mondfinsternisse, nicht zu denselben Stunden, d.h. zu solchen, welche gleichweit von der Mittagsstunde entfernt liegen, bei allen Beobachtern aufgezeichnet wird, sondern daß jedesmal die Stunden, welche bei den weiter östlich wohnenden Beobachtern aufgezeichnet stehen, spätere sind als die bei den weiter westlich wohnenden. Da nun auch der Zeitunterschied in entsprechendem Verhältnis zu der räumlichen Entfernung der Orte gefunden wird, so dürfte man mit gutem Grunde annehmen, daß die Erdoberfläche kugelförmig sei, weil eben die hinsichtlich der Krümmung (der Oberfläche) im großen ganzen als gleichartig zu betrachtende Beschaffenheit (der Erde) die Bedeckungserscheinungen zu der Aufeinanderfolge der Beobachtungsorte stets in ein entsprechendes (Zeit-) Verhältnis setzt. Wäre die Gestalt der Erde eine andere, so würde dies nicht der Fall sein, wie man aus folgendem ersehen kann.

Wenn die Oberfläche der Erde eine Hohlfläche wäre, so würde der Aufgang der Gestirne den weiter westlich wohnenden Beobachtern eher sichtbar werden; wäre sie eine ebene Fläche, so würden die Gestirne für alle Bewohner der Erde zugleich und zu derselben Zeit auf- und untergehen; wäre sie von der Gestalt einer dreiseitigen Pyramide, eines Würfels oder eines Polyeders, so würden sie wiederum für alle diejenigen in gleicher Weise und gleichzeitig auf- und untergehen, welche auf derselben Seitenfläche (dieser Körper) wohnten, was mit der Wirklichkeit in keiner Weise vereinbar erscheint.

Daß die Erde aber auch nicht walzenförmig sein kann, selbst nicht unter der Voraussetzung, daß die Rundfläche nach Osten und Westen gekehrt und die Seiten der ebenen Grundflächen nach den Weltpolen gerichtet wären, was man wohl als das Glaubwürdigere annehmen dürfte, wird aus folgendem klar. Für keinen Bewohner der gekrümmten Oberfläche würde nämlich auch nur ein einziger Stern immersichtbar werden, sondern für alle Bewohner würden sämtliche Sterne sowohl auf- wie untergehen, oder es würden für alle dieselben Sterne, welche von jedem der beiden Pole den gleichen Abstand hätten, (einerseits immersichtbar, andererseits) immerunsichtbar werden. Je weiter wir aber jetzt (d.i. auf der kugelförmigen Erde) nach Norden zu wandern, um so mehr werden von den südlichen Sternen unsichtbar und von den nördlichen immersichtbar, so daß es klar ist, daß auch in diesem Falle die Krümmung der Erde, welche schon die in schräger (d.h. in der die Nord-Süd-Linie von Osten nach Westen kreuzenden) Richtung verlaufenden Bedeckungserscheinungen in ein entsprechendes (Zeit-) Verhältnis setzte, von allen Seiten auf die Kugelgestalt hinweist. Hiermit ist noch die Wahrnehmung zu verbinden, daß wir bei dem Heransegeln an Berge oder einzelne hochragende Punkte unter beliebigem Winkel und nach beliebiger Richtung nach und nach ihre Höhen sichtlich wachsen sehen, als ob sie direkt aus dem Meere auftauchten und vorher infolge der Krümmung der Wasserfläche untergetaucht gewesen wären.

Claudius Ptolemäus:
„Handbuch der Astronomie"

Der polnische Astronom Nikolaus Kopernikus (1473 – 1543) argumentiert in seinem revolutionären Werk „Über die Kreisbewegungen der Himmelskörper" (1543 posthum erschienen), daß die Erde rund sei. Interessant ist dabei, daß er in seiner Argumentation zum Teil auf ähnliche Beispiele zurückgreift wie vor ihm schon Ptolemäus.

Nikolaus Kopernikus.

Daß die Erde gleichfalls kugelförmig ist, ist offenkundig, weil sie sich von allen Seiten auf ihren Mittelpunkt stützt. Obgleich sie bei der großen Erhebung der Berge und der Vertiefung der Täler nicht sogleich als vollkommener Kreis wahrgenommen wird, so spricht dies doch keineswegs gegen die allgemeine Rundung der Erde. Das wird auf folgende Weise klar: Für diejenigen, die von irgendwoher nach Norden gehen, erhebt sich der eine Pol der täglichen Kreisbewegung allmählich, während der andere um ebensoviel sinkt, und immer mehr Sterne scheinen im Norden nicht unterzugehen und im Süden nicht mehr aufzugehen. So sieht Italien den Kanopus nicht, der in Ägypten sichtbar ist. Und Italien sieht den äußersten Stern des Flusses, den unsere in der kälteren Zone gelegene Gegend nicht kennt. Dagegen erheben sich jene für diejenigen, die nach Süden reisen, während diejenigen sich senken, die für uns hoch stehen. Nun haben auch die Neigungen der Pole selbst zu den durchmessenen Räumen der Erde immer dasselbe Verhältnis, was bei keiner anderen als bei der Kugelgestalt zutrifft. Daher ist offenbar, daß auch die Erde zwischen Polen eingeschlossen und deswegen kugelförmig ist; nehmen wir noch hinzu, daß die Bewohner des Ostens die am Abend, und die Bewohner des Westens die am Morgen eintretenden Sonnen- und Mondfinsternisse nicht wahrnehmen; solche aber, die am Mittag eintreten, sehen jene später, diese dagegen früher. Daß auch das Wasser derselben Form unterworfen ist, wird auf den Schiffen wahrgenommen, da das Land, das man vom Schiff aus nicht sehen kann, von der Spitze des Mastbaumes erspäht wird, und wenn umgekehrt ein Licht an der Spitze des Mastbaumes angebracht wird, so scheint dasselbe, wenn das Schiff sich vom Land entfernt, den an der Küste Zurückbleibenden allmählich hinabzusteigen, bis es zuletzt, gleichsam untergehend, verschwindet. Es ist klar, daß auch das Wasser seiner flüssigen Natur nach, ebenso wie die Erde, immer nach unten strebt und sich vom Ufer ab nicht höher erhebt, als dies seine Wölbung zuläßt. Daher stimmt man darüber überein, daß das Land um so viel höher ist, als es aus dem Ozean hervorragt.

Nikolaus Kopernikus:
„Über die Kreisbewegungen der Himmelskörper"

Die Verantwortung der Wissenschaft

Nicht erst seit Bertolt Brechts „Leben des Galilei“ befassen sich Künstler – besonders in der Literatur – mit der Frage nach der Verantwortung des Wissenschaftlers. Schon die Dädalos-Sage in der griechischen Mythologie hat u. a. diese Frage zum Thema. Und gerade in unserem Jahrhundert der Kernspaltung und der Gentechnologie findet sie immer wieder in den Werken von Autoren wie Friedrich Dürrenmatt und Heinar Kipphardt ihren Niederschlag.

Eine der frühesten „Erzählungen“, in der die Frage nach der Verantwortung des Wissenschaftlers mitschwingt, ist die Sage um Dädalos und seinen Sohn Ikaros. Dabei geht es jedoch nicht so sehr um die Verantwortung gegenüber der Gesellschaft, sondern vielmehr um die religiöse Frage, wie weit der Versuch, an die Grenzen des vom Menschen Machbaren vorzustoßen, erlaubt ist. Der Absturz des Ikaros ist nicht zuletzt eine Folge der menschlichen Hybris.

Indessen wurde dem Dädalos die lange Verbannung aus der geliebten Heimat doch allmählich zur Last, und es quälte ihn, bei dem tyrannischen und selbst gegen seinen Freund mißtrauischen Könige sein ganzes Leben auf einem vom Meere rings umschlossenen Eilande zubringen zu sollen. Sein erfinderischer Geist sann auf Rettung. (...)

Dädalos überwältigte mit seinem Erfindungsgeiste die Natur. Er fing an, Vogelfedern von verschiedener Größe so in Ordnung zu legen, daß er mit der kleinsten begann und zu der kürzeren Feder stets eine längere fügte, so daß man glauben konnte, sie seien von selbst ansteigend gewachsen. Diese Federn verknüpfte er in der Mitte mit Leinfäden, unten mit Wachs. (...)

Nachdem er die letzte Hand an seine Arbeit gelegt hatte, paßte sich Dädalos selbst die Flügel an den Leib, setzte sich mit ihnen ins Gleichgewicht und schwebte leicht wie ein Vogel empor in die Lüfte. Dann, nachdem er sich wieder zu Boden gesenkt, belehrte er auch seinen jungen Sohn Ikaros, für den ein kleineres Flügelpaar gefertigt und bereit lag. „Flieg immer, lieber Sohn“, sprach er, „auf der Mittelstraße, damit nicht, wenn du den Flug zu sehr nach unten senktest, die Fittiche ans Meerwasser streifen und von Feuchtigkeit beschwert dich in die Tiefe der Wogen hinabziehen, oder wenn du dich zu hoch in die Luftregion verstiegest, dein Gefieder den Sonnenstrahlen zu nahe komme und plötzlich Feuer fange. Zwischen Wasser und Sonne fliege dahin, immer nur meinem Pfade durch die Luft folgend.“ Unter

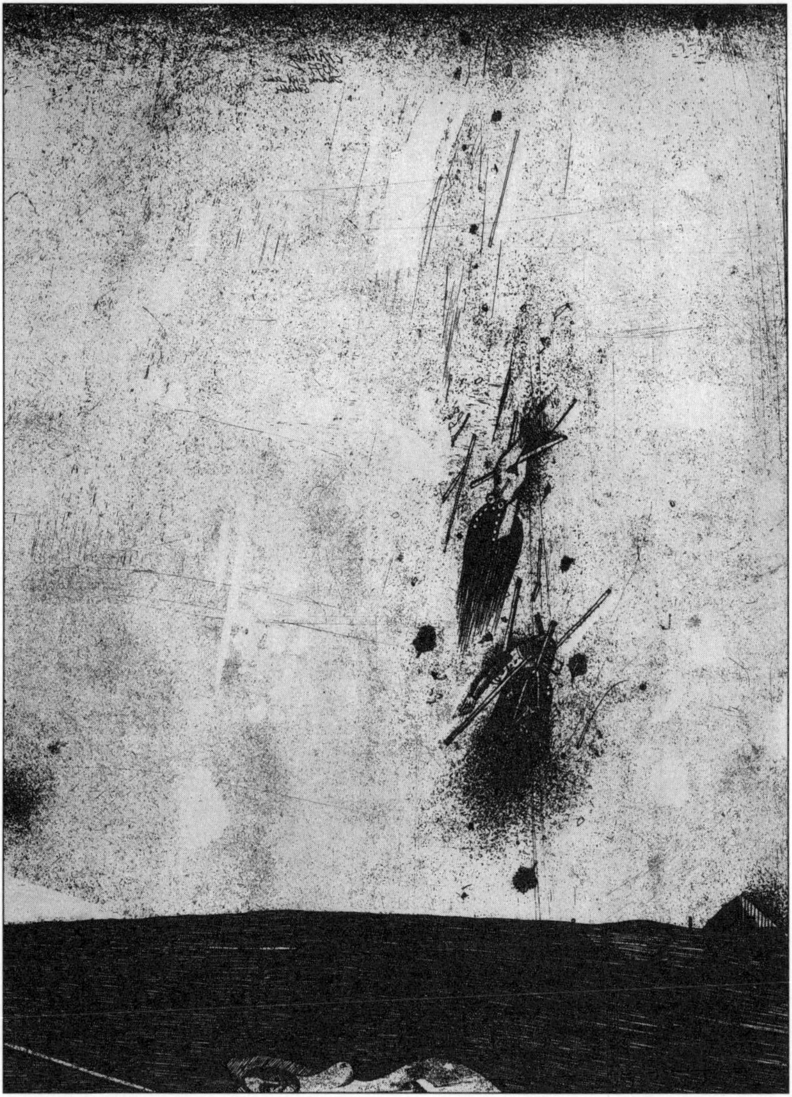

Christoph Meckel, Der Sturz des Ikarus.

solchen Ermahnungen knüpfte Dädalos auch dem Sohne das Flügelpaar an die Schultern, doch zitterte die Hand des Greisen, während er es tat, und eine bange Träne tropfte ihm auf die Hand. Dann umarmte er den Knaben und gab ihm einen Kuß, der auch sein letzter sein sollte.

Jetzt erhoben sich beide mit ihren Flügeln. Der Vater flog voraus, sorgenvoll wie ein Vogel, der eine zarte Brut zum erstenmal aus dem Neste in die Luft führt. Doch schwang er besonnen und kunstvoll das Gefieder, damit der Sohn es ihm nachtun lernte, und blickte von Zeit zu Zeit rückwärts, um zu sehen, wie es diesem gelänge. Anfangs ging es ganz gut. Bald war ihnen die Insel Samos zur Linken, bald Delos und Paros, die Eilande, vorüberflogen. Noch mehrere Küsten sahen sie schwinden, als der Knabe Ikaros, durch den glücklichen Flug zuversichtlich gemacht, seinen väterlichen Führer verließ und in verwegenem Übermute mit seinem Flügelpaar einer höheren Zone zusteuerte. Aber die gedrohte Strafe blieb nicht aus. Die Nachbarschaft der Sonne erweichte mit allzukräftigen Strahlen das Wachs, das die Fittiche zusammenhielt, und ehe es Ikaros nur bemerkte, waren die Flügel aufgelöst und zu beiden Seiten den Schultern entsunken. Noch ruderte der unglückliche Jüngling und schwang seine nackten Arme; aber er bekam keine Luft zu fassen, und plötzlich stürzte er in die Tiefe. Er hatte den Namen seines Vaters als Hilferuf auf den Lippen; doch ehe er ihn aussprechen konnte, hatte ihn die blaue Meeresflut verschlungen. Das alles war so schnell geschehen, daß Dädalos, hinter sich nach seinem Sohne, wie er von Zeit zu Zeit zu tun gewohnt war, blickend, nichts mehr von ihm gewahr wurde. „Ikaros, Ikaros!“ rief er trostlos durch den leeren Luftraum: „Wo, in welchem Bezirke der Luft soll ich dich suchen?“ Endlich sandte er die ängstlich forschenden Blicke nach der Tiefe. Da sah er im Wasser die Federn schwimmen.

Gustav Schwab:
„Dädalos und Ikaros“

Auch in Johann Wolfgang von Goethes „Faust“ – wie auch in dem Mythos, der dem Drama zugrunde liegt – ist das Herbeirufen Mephistos ein Versuch des Wissenschaftlers Faust, an die Grenzen des Erforschbaren vorzustoßen und die vom Menschen unkontrollierbaren Mächte in seinen Dienst zu zwingen – und damit ein hybrider Akt. Nicht einmal, als er Gretchen im Kerker sieht, dämmert Faust seine Schuld, sondern er weist sie – noch – Mephisto zu.

Faust. Mephistopheles.
FAUST: Im Elend! Verzweifelnd! Erbärmlich auf der Erde lang verirrt! Als Missetäterin im Kerker zu entsetzlichen Qualen eingesperrt, das holde unselige Geschöpf! Bis dahin! – Verrätrischer, nichtswürdiger Geist, und das hast du mir verheimlicht! Steh nur, steh, wälze die teuflischen Augen ingrimmend im Kopf herum, steh und trutze mir durch deine unerträgliche Gegenwart! Gefangen! Im unwiederbringlichen Elend bösen Geistern übergeben, und der richtenden gefühllosen Menschheit! Und du wiegst mich indes in abgeschmackten

Titelholzschnitt der „Historia von D. Johann Fausten" von 1588.

Freuden ein, verbirgst mir ihren wachsenden Jammer und lässest sie hülflos verderben!
MEPHISTOPHELES: Sie ist die erste nicht!
FAUST: Hund! Abscheuliches Untier! – Wandle ihn, du unendlicher Geist, wandle den Wurm wieder in die Hundsgestalt, in der er sich nächtlicherweile oft gefiel, vor mir herzutrotten, dem harmlosen Wandrer vor die Füße zu kollern und dem Umstürzenden sich auf die Schultern zu hängen. Wandl' ihn wieder in seine Lieblingsbildung, daß er vor mir im Sand auf dem Bauch krieche, ich ihn mit Füßen trete, den Verworfnen! – „Die erste nicht!" – Jammer! Jammer! von keiner Menschenseele zu fassen, daß mehr als ein Geschöpf in die Tiefe dieses Elends sank, daß nicht das erste in seiner windenden Todesnot genugtat für die Schuld aller übrigen vor den Augen des Ewigen! Mir wühlt es Mark und Leben durch, das Elend dieser einzigen, und du grinsest gelassen über das Schicksal von Tausenden hin.
MEPHISTOPHELES: Groß Hans! nun bist du wieder am Ende deines Witzes, an dem Fleckchen, wo euch Herrn das Köpfchen überschnappt. Warum machst du Gemeinschaft mit uns, wenn du nicht mit uns auswirtschaf-

ten kannst? Willst fliegen, und der Kopf wird dir schwindlig. Eh! drangen wir uns dir auf oder du dich uns?
FAUST: Blecke deine gefräßigen Zähne mir nicht so entgegen, mir ekelt's! – Großer herrlicher Geist, der du mir zu erscheinen würdigtest, der du mein Herz kennst und meine Seele, warum mußtest du mich an den Schandgesellen schmieden, der sich am Schaden weidet und am Verderben sich letzt!
MEPHISTOPHELES: Endigst du?
FAUST: Rette sie oder weh dir! Den entsetzlichsten Fluch über dich auf Jahrtausende! Rette sie!
MEPHISTOPHELES: Ich kann die Bande des Rächers nicht lösen, seine Riegel nicht öffnen. – „Rette sie" –? Wer war's, der sie ins Verderben stürzte? Ich oder du?

Faust blickt wild umher.
MEPHISTOPHELES: Greifst du nach dem Donner? Wohl, daß er euch elenden Sterblichen nicht gegeben ward! Ist's doch das einzige Kunststück, euch in euern Verworrenheiten Luft zu machen, daß ihr den entgegnenden Unschuldigen zerschmettert.
FAUST: Bring mich hin! sie soll frei sein!
MEPHISTOPHELES: Und die Gefahr, der du dich aussetzest? Wisse, daß auf der Stadt noch die Blutschuld liegt, die du auf sie gebracht hast. Daß über der Stätte des Erschlagenen rächende Geister schweben, die auf den rückkehrenden Mörder lauern.
FAUST: Noch das von dir! Mord und Tod einer Welt über dich Ungeheuer! Führe mich hin, sag ich dir, und befrei sie!
MEPHISTOPHELES: Ich führe dich, und was ich tun kann, höre! Hab ich alle Macht im Himmel und auf Erden? Des Türners Sinn will ich umneblen, bemächtige dich der Schlüssel und führe sie heraus mit Menschenhand. Ich wach und halte dir die Zauberpferde bereit. Das vermag ich.
FAUST: Auf und davon!

J.W. von Goethe:
„Faust" (Urfaust)

Ist die Auseinandersetzung mit der Frage nach der Möglichkeit der Forschung bis ins 19. Jahrhundert noch weitgehend religiös geprägt, so erhält sie im 20. Jahrhundert eine gesellschaftlich-politische Dimension. In Bertolt Brechts „Leben des Galilei" geht es nicht um die Frage, wie weit die Wissenschaft gehen, sondern vor allem darum, ob der Wissenschaftler sich allein seinem Forschungsdrang hingeben darf. Brecht hebt hervor, daß Wissen Macht ist, daß je nachdem, wer die Erkenntnis des Wissenschaftlers in die Hand bekommt, er sie zum Wohl oder zur Unterdrückung der Menschen einsetzen kann. Daraus resultiert, daß ein Mann wie Galilei seine Wissenschaft nicht im Elfenbeimturm betreiben kann und darf, sondern sich seiner politischen Verantwortung stellen muß.

Sein Stück „Leben des Galilei" beschäftigte Brecht fast die gesamten letzten 20 Jahre seines Lebens. Neben den drei zur Aufführung gelangten Fassungen findet sich in seinem Nachlaß noch eine Vielzahl an Skizzen, Szenenentwürfen, Notizen u.a.

Sie sind Ausdruck dafür, daß Brecht das Leben und Wirken dieses Mannes immer in Analogie zu neueren gesellschaftspolitischen und wissenschaftlichen Entwicklungen sah.

Als im dänischen Exil die erste Fassung entstand, galt Brechts Interesse am Galilei-Stoff der Beziehung zwischen Wissenschaft(ler) und Gesellschaft, sicher mit Blick auf die im nationalsozialistischen Deutschland gleichgeschalteten Wissenschaftler, die sich (ähnlich wie Galilei) der Macht unterwarfen. Die Kirche steht im Stück für die Obrigkeit, die – um ihre Macht zu erhalten – die Wahrheit verfälscht. Noch hat es einen überwiegend positiven Tenor, wenn Brecht seinen Galilei am Ende des Stückes, nach dem Widerruf als Gefangener der Inquisition, heimlich Abschriften seiner Aufzeichnungen anfertigen und diese mit Hilfe seines Schülers Andrea ins Ausland schmuggeln läßt. Der Wert der wissenschaftlichen Arbeit an sich scheint noch nicht in Frage gestellt.

Anläßlich einer sich abzeichnenden Gelegenheit zu einer Aufführung überprüft Brecht jedoch noch einmal die Moral des Stückes: Steht der Widerruf nicht in einem zu positiven Licht? Was nützte dem Volk, daß die wissenschaftliche Forschung heimlich vorangetrieben wurde? Galileis öffentliche Auseinandersetzung mit der herrschenden Lehre war es, was dem Volk nützte, stellte sie doch eine Bedrohung für die Autorität der Obrigkeit dar. Nach Galileis Rückzug wurde sie wieder zu einer Domäne der Wissenschaft und damit entpolitisiert. Und so ist von der ersten zur zweiten und dritten Fassung eine deutliche Verlagerung der Akzentuierung zu verzeichnen: Vom Werk, das einen Wert an sich darstellt, zum Wissenschaftler als einer nicht nur für sein Werk, sondern auch für dessen Folgen verantwortlichen Person.

Als Brecht an der zweiten Fassung arbeitete, kam es zu den beiden Atombombenabwürfen auf Hiroshima und Nagasaki. Für Brecht Anlaß, Galileis Denken und Handeln noch kritischer zu betrachten. Nun zieht er direkte Verbindungen und weist Galilei eine Schuld zu: „Die Atombombe ist sowohl als technisches als auch soziales Phänomen das klassische Endprodukt seiner wissenschaftlichen Leistung und seines sozialen Versagens." (Materialien zu Brechts „Leben des Galilei") – Sicherlich eine Vereinfachung des Wirkungszusammenhangs zwischen Galilei und der Atombombe. – Immer krasser stellt Brecht heraus, daß Galilei die wissenschaftliche Leistung nur erbringen konnte, indem er sich aus dem gesellschaftspolitischen Konflikt herauszog. Er beschränkte sich nur auf sein Wissensgebiet, interessiert nur an seinem Werk, nicht an dessen Folgen.

Konsequenzen dieser Haltung werden im Prolog und im „Epilog der Wissenschaftler" der zweiten, amerikanischen Fassung angesprochen:

„Noch ist das Wahre nicht die Ware
Doch hat es schon dies Sonderbare
Daß es die vielen nicht erreicht
Und macht ihr Leben schwer statt leicht." (Materialien)
„Und wie er das Werk begonnen
Haben wir es fortgeführet
Tiefgebückt und hochgesonnen

Grenzenlos und eingeschnüret
Kommandierend die Gestirne
Knieend vor den Obrigkeiten
Tragen wir zu Markt unsre Gehirne (...)
Stetig größer wird das Wissen
Und es wird die Knechtschaft größer."
(Materialien)

Wenn das Werk vom Wissenschaftler und dem Entstehungsprozeß losgelöst betrachtet wird, kann es als wertneutral aufgefaßt und so von jeder Macht ge- und mißbraucht werden.

Charakteristisch für Brecht, daß er in seinem Stück die Kritik nicht von außen kommen läßt. Der Wissenschaftler selbst muß sich einer kritischen Betrachtung unterziehen und zu seiner Erkenntnis kommen, wie Galilei, der sich schließlich über die Aufgaben der Wissenschaft äußert:

„Wissen verschaffend über alles für alle, trachtet sie, Zweifler zu machen aus allen." (Brecht, Leben des Galilei) Und: „Ich halte dafür, daß das einzige Ziel der Wissenschaft darin besteht, die Mühseligkeit der menschlichen Existenz zu erleichtern." (Brecht, Leben des Galilei) „Wofür arbeitet ihr? (...) Wenn Wissenschaftler, eingeschüchtert durch selbstsüchtige Machthaber, sich damit begnügen, Wissen um des Wissens willen anzuhäufen, kann die Wissenschaft zum Krüppel gemacht werden, und eure neuen Maschinen mögen nur neue Drangsale bedeuten. Ihr mögt mit der Zeit alles entdecken, was es zu entdecken gibt, und euer Fortschritt wird doch nur ein Fortschreiten von der Menschheit weg sein. Die Kluft zwischen euch und ihr kann eines Tages so groß sein, daß euer Jubelschrei über irgendeine neue Errungenschaft

Szene einer Aufführung des Berliner Ensembles im Theater am Schiffbauerdamm von Brechts „Leben des Galilei".

von einem universalen Entsetzensschrei beantwortet werden könnte." (Brecht, Leben des Galilei)

Doch Brecht war sich auch darüber im klaren, daß die Erkenntnis einzelner Wissenschaftler nicht ausreichte, positive Entwicklungen zu bewirken. Unabdingbare Voraussetzung dafür war ein gemeinsames Vorgehen. Fast wie eine Handlungsanweisung für die Wissenschaftler der Gegenwart klingt eine Erweiterung, die Brecht in der dritten Fassung, nach seiner Rückkehr nach Deutschland, vornahm: „Unter diesen ganz besonderen Umständen hätte die Standhaftigkeit eines Mannes große Erschütterungen hervorrufen können. Hätte ich widerstanden, hätten die Naturwissenschaftler etwas wie den hippokratischen Eid der Ärzte entwickeln können, das Gelöbnis, ihr Wissen einzig zum Wohle der Menschheit anzuwenden! Wie es nun steht, ist das Höchste, was man erhoffen kann, ein Geschlecht erfinderischer Zwerge, die für alles gemietet werden können." (Brecht, Leben des Galilei)

Mitte der 50er Jahre gab es fruchtbaren Boden für die Idee eines kollektiven Handelns der Wissenschaftler, da in diesen Jahren zahlreiche Bekundungen und Aufrufe von Wissenschaftlern laut wurden, die sich ihrer (Mit)Verantwortung bewußt wurden.

Mit der Bearbeitung des historischen Falls Galilei hat es Brecht vielleicht geschafft, das als selbstverständlich angesehene Verhalten der Wissenschaftler, sich nicht um die Folgen ihrer Arbeit zu kümmern, befremdlich erscheinen zu lassen. Doch das Stück „Leben des Galilei" vermochte nicht auch noch der Problematik des Verhaltens moderner Wissenschaftler, insbesondere der Atomphysiker, in ausreichendem Maße gerecht zu werden.

Einen neuen Anstoß, sich mit der Materie zu beschäftigen, bekam Brecht durch die Untersuchung gegen den Physiker J. Robert Oppenheimer. (Oppenheimer mußte sich 1954 in den USA einem Überprüfungsverfahren vor der Atomenergiekommission unterziehen, da seine Staatsloyalität angezweifelt wurde.) Dessen Verteidigungsschrift kommentierte Brecht folgendermaßen: „seine schrift liest sich wie die eines mannes, der von einem kannibalenstamm angeklagt wird, er habe sich geweigert, fleisch zu besorgen. und der jetzt, sich zu entschuldigen, vorbringt, er sei während der menschenjagd beim holzsammeln für den kochkessel gewesen! was für eine finsternis!" (Brecht, Arbeitsjournal, 8. Juli 1954)

Der Plan und die ersten Aufzeichnungen zu einem Stück über den Physiker Albert Einstein können als Indiz gewertet werden, daß Brecht selbst die Grenzen seines Galilei-Modells empfunden hat. Schon der Arbeitstitel „Leben des Einstein" weist auf eine Fortführung der (Galilei-)Thematik.

Einstein war gesellschaftspolitisch interessierter und engagierter als Oppenheimer. Das mag zu Brechts Wahl beigetragen haben. Zudem gab es im Leben Einsteins einen geradezu dramatischen Widerspruch: Als Pazifist wurde er zum Befürworter und Mitinitiator der Atombombenentwicklung.

Carola Henke

In seinem „Arbeitsjournal" kommentierte Brecht an verschiedenen Stellen die Entstehung des „Galilei". Aus seinen Gedanken wird deutlich, daß es ihm nicht nur darum ging, Galilei in seiner Zeit zu sehen und zu beurteilen, sondern er steht für die Ethik der modernen Wissenschaft schlechthin.

25.2.39
(...)
LEBEN DES GALILEI ist technisch ein großer rückschritt, wie FRAU CARRARS GEWEHRE allzu opportunistisch. man müßte das stück vollständig neu schreiben, wenn man diese „brise, die von neuen küsten kommt", diese rosige morgenröte der wissenschaft, haben will. alles mehr direkt, ohne die interieurs, die „atmosphäre", die einführung. und alles auf planetarische demonstrationen gestellt. die einteilung könnte bleiben, die charakteristik des galilei ebenfalls. aber die arbeit, eine lustige arbeit, könnte nur in einem praktikum gemacht werden, im kontakt mit einer bühne. es wäre zuerst das FATZERfragment und das BROTLADENfragment zu studieren. diese beiden fragmente sind der höchste standard technisch.

18.3.42
mir gefällt die welt der physiker. die menschen verändern sie, und dann präsentiert sie sich doch verblüffend. wir können auftreten als die spieler, die wir sind, mit unsern ungefähren abwägungen, unserm sogutwirkönnen, unserer angewiesenheit auf andere, auf unbekanntes, auf selbständiges. so kann wieder mehreres zum erfolg führen, nicht nur ein weg ist beschreitbar. merkwürdigerweise fühle ich mich freier in dieser Welt als in der alten.

6.4.44
JED HARRIS, der regisseur-produzent, der TH[ORNTON] WILDERS OUR TOWN sehr gut aufgeführt hat, interessiert sich für den GALILEI. so prüfte ich die moral noch einmal nach, die mich immer leise beunruhigt hat; gerade weil ich hier der geschichte zu folgen versuchte und keine moralischen interessen hatte, ergibt sich eine moral, und ich bin nicht glücklich damit. g[alilei] kann dem aussprechen der wahrheit so wenig widerstehen wie dem verschlingen eines lockenden gerichts, es ist ihm ein sinnlicher genuß. und er baut seine persönlichkeit so leidenschaftlich und weise auf wie sein weltbild. eigentlich fällt er zweimal. das erste mal, wenn er der lebensgefahr wegen die wahrheit verschweigt oder widerruft, das zweite mal, wenn er sie trotz der lebensgefahr wieder sucht und verbreitet. seine produktion zerstört ihn. nun höre ich mit unwillen, ich hätte es für richtig gehalten, daß er öffentlich widerrufen hat, um insgeheim seine arbeit fortsetzen zu können. das ist zu flach und zu billig. g[alilei] zerstörte schließlich nicht nur sich als person, sondern auch den wertvollsten teil seiner wissenschaftlichen arbeit. die kirche (dh die obrigkeit) verteidigte die bibellehre ausschließlich, um sich, ihre autorität, ihre möglichkeit zu unterdrücken und auszubeuten, zu verteidigen. das volk interessierte sich für g[alileis] gestirnlehre ausschließlich, weil es unter der herrschaft der kirche litt. g[alilei] gab den eigentlichen fortschritt preis, als er widerrief,

Bertolt Brecht

er ließ das volk im stich, die astronomie wurde wieder ein fach, domäne der gelehrten, unpolitisch, isoliert. die kirche trennte diese „probleme" des himmels von denen der erde, festigte ihre herrschaft und erkannte danach die neuen lösungen bereitwillig an.

30. 7. 45
(...)
noch einmal auf den GALILEI kommend, den er ebenfalls für ein wenig sagendes nebenwerk hält (im formalen verteidige ich dieses stück nicht besonders kräftig), berichte ich ihm, wie das stück ohne jede absicht, etwas zu beweisen, geschrieben wurde, der überlieferten geschichte folgend, und wie jetzt, bei der durcharbeitung einer theaterfassung zusammen mit dem politisch gedankenlosen schauspieler laughton, außer dem thema, daß in dieser gesellschaftsform wissensdurst zu einer lebensgefährlichen eigenschaft wird, da ihn die gesellschaft hervorbringt und bestraft, noch ein anderes erscheint, nämlich der entscheidende unterschied zwischen dem „reinen fortschritt einer wissenschaft" und ihrem sozial revolutionären fortschritt (G[ALILEI] beraubt die astronomie des jungen bürgertums ihrer sozial revolutionären bedeutung, macht sie zu einem „fach", sterilisiert sie.) auch zeigt sich, zumindest als fakt, wie die herrschende klasse sich der totalität ihrer ideologie bewußt ist: sie weiß, die kette, mit der sie die unterdrückten fesselt, ist nicht stärker als ihr schwächstes glied. so ist der GALILEI in meiner produktion immerhin interessant als gegenbeispiel zu den parabeln. dort werden ideen verkörpert, hier eine materie gewisser ideen entbunden.

20. 9. 45
wir arbeiten die meiste zeit immer noch am GALILEI, der bei laughtons hörern im lazarett völlig ungewöhnliches interesse findet. die atombombe hat tatsächlich die beziehungen zwischen gesellschaft und wissenschaft zu einem leben-und-tod-problem gemacht.

Bertolt Brecht:
„Arbeitsjournal"

Albert Einstein und J. Robert Oppenheimer.

Der Physiker Julius Robert Oppenheimer, der die Entwicklung der ersten Atombombe leitete, mußte sich 1954 einem Überprüfungsverfahren unterziehen: Seine Staatsloyalität wurde angezweifelt. Heinar Kipphardt greift das Verfahren in seinem dokumentarischen Theaterstück „In der Sache J. Robert Oppenheimer" auf und stellt damit die Frage nach der Verantwortlichkeit des Wissenschaftlers neu. Mittels Atom- und Wasserstoffbombe könnte jegliches Leben vernichtet werden. Angesichts dieser Dimension ist zu fragen, ob der Wissenschaftler seine Verantwortung für die Menschheit realisieren kann, und nicht, ob er einer Regierung gegenüber loyal ist. Wie Brechts Galilei überprüft auch Kipphardts Oppenheimer seine Handlungen und deren Motive. Und ebenso wie dieser gelangt er zu einer kritischen Selbstbetrachtung und zu der Frage nach den Aufgaben der Wissenschaft. Im Gegensatz zu Galilei allerdings verneint er die Eingriffsmöglichkeiten der Wissenschaftler.

OPPENHEIMER Als ich mich vor mehr als einem Monat zum erstenmal auf dieses alte Sofa setzte, war ich willens, mich zu verteidigen, denn ich fand keine Schuld an mir, und ich sah mich als Opfer einer bestimmten politischen Konstellation, die ich beklagenswert fand.

Zu dem widerwärtigen Unternehmen gezwungen, mein Leben zu rekapitulieren, meine Motive zu handeln, meine Konflikte, und auch die Konflikte, die sich nicht eingestellt hatten, – begann sich meine Haltung zu wandeln. Ich bemühte mich, vollkommen offen zu sein, und das ist eine Technik, die man erlernen muß, wenn man viele Jahre seines Lebens zu anderen Menschen nicht offen war. Indem ich über mich, einen Physiker in unserer Zeit, nachdachte, begann ich mich zu fragen, ob nicht tatsächlich so etwas stattgefunden hat wie Gedankenverrat, eine Kategorie, die Mr. Robb hier einzuführen empfahl. Wenn ich denke, daß es uns eine geläufige Tatsache geworden ist, daß auch die Grundlagenforschung in der Kernphysik heute die höchste Geheimnisstufe hat, daß unsere Laboratorien von den militärischen Instanzen bezahlt und wie Kriegsobjekte bewacht werden, wenn ich denke, was im gleichen Fall aus den Ideen des Kopernikus oder den Entdeckungen Newtons geworden wäre, dann frage ich mich, ob wir den Geist der Wissenschaft nicht wirklich verraten haben, als wir unsere Forschungsarbeiten den Militärs überließen, ohne an die Folgen zu denken.

So finden wir uns in einer Welt, in der die Menschen die Entdeckungen der Gelehrten mit Schrecken studieren, und neue Entdeckungen rufen neue Todesängste bei ihnen hervor. Dabei scheint die Hoffnung gering, daß die Menschen bald lernen könnten, auf diesem klein gewordenen Stern miteinander zu leben, und gering ist die Hoffnung, daß sich ihr Leben eines nicht fernen Tages in seinem materiellen Aspekt auf die neuen menschenfreundlichen Entdeckungen gründen werde.

Es scheint ein weidlich utopischer Gedanke, daß die überall gleich leicht und gleich billig herstellbare Kernenergie andere Gleichheiten nach sich ziehen werden, und daß die künstlichen Gehirne, die wir für die großen Vernichtungswaffen entwickelten, künftig unsere Fabriken in Gang halten könnten, der menschlichen Arbeit ihren schöpferischen Rang zurückgebend. Das würde unserem Leben die materiellen Freiheiten schenken, die eine der Voraussetzungen des Glückes sind, aber man muß sagen, daß diese Hoffnungen durch unsere Wirklichkeit nicht zu belegen sind. Doch sind sie die Alternative zu der Vernichtung dieser Erde, die wir fürchten, und die wir uns nicht vorstellen können. An diesem Kreuzweg empfinden wir Physiker, daß wir niemals so viel Bedeutung hatten und daß wir niemals so ohnmächtig waren.

Als ich mein Leben hier durchging, fand ich, daß die Handlungen, die mich nach Ansicht des Ausschusses belasten, der Idee der Wissenschaften nähergestanden sind als die Verdienste, die man mir anrechnet. Ganz anders als dieser Ausschuß frage ich mich infolgedessen, ob wir Physiker unseren Regierungen nicht zuweilen eine zu große, eine zu ungeprüfte Loyalität gegeben haben, gegen unsere bessere Einsicht, in meinem Fall nicht nur in der Frage der Wasserstoffbombe.

Wir haben die besten Jahre unseres Lebens damit verbracht, immer perfektere Zerstörungsmittel zu finden, wir haben die Arbeit der Militärs getan, und ich habe in den Eingeweiden das Gefühl, daß dies falsch war. Obzwar ich die Entscheidung der Mehrheit dieses Ausschusses anfechten werde, will ich fernerhin an Kriegsprojekten nicht arbeiten, wie immer die angestrebte Revision ausfallen mag.

Wir haben die Arbeit des Teufels getan, und wir kehren nun zu unseren

wirklichen Aufgaben zurück. Vor ein paar Tagen hat mir Rabi erzählt, daß er sich wieder ausschließlich der Forschung widmen wolle. Wir können nichts besseres tun als die Welt an diesen wenigen Stellen offenzuhalten, die offenzuhalten sind.
Vorhang

Heinar Kipphardt:
„In der Sache J. Robert Oppenheimer"

Friedrich Dürrenmatt

Ebensowenig wie dem verhältnismäßig unpolitischen Oppenheimer gelingt es Möbius, einem genialen Physiker in Friedrich Dürrenmatts „Die Physiker", sich der Verantwortung gegenüber der Menschheit zu entziehen. Bis ins Irrenhaus, wohin er sich zu retten versucht, verfolgen ihn – unter dem Namen Newton und Einstein – die Agenten der Mächte, um ihm seine Erkenntnisse zu entreißen. Dürrenmatt schließt wieder den Kreis zum Dädalos-Mythos: Die Frage ist nicht mehr das verantwortliche Handeln des Wissenschaftlers, sondern wie weit die Forschung überhaupt (noch) ethisch zu rechtfertigen ist. Damit stellt Dürrenmatt den Fortschritt der Wissenschaft grundsätzlich in Frage.

MÖBIUS: (...) Es war meine Pflicht, die Auswirkungen zu studieren, die meine Feldtheorie und meine Gravitationslehre haben würden. Das Resultat ist verheerend. Neue, unvorstellbare Energien würden freigesetzt und eine Technik ermöglicht, die jeder Phantasie spottet, falls meine Untersuchung in die Hände der Menschen fiele.
EINSTEIN: Das wird sich kaum vermeiden lassen.
NEWTON: Die Frage ist nur, wer zuerst an sie herankommt.
Möbius lacht.
MÖBIUS: Sie wünschen dieses Glück wohl Ihrem Geheimdienst, Kilton, und dem Generalstab, der dahintersteht?
NEWTON: Warum nicht? Um den größten Physiker aller Zeiten in die Gemeinschaft der Physiker zurückzuführen, ist mir jeder Generalstab heilig. Es geht um die Freiheit unserer Wissenschaft und um nichts weiter.

Wer diese Freiheit garantiert, ist gleichgültig. Ich diene jedem System, läßt mich das System in Ruhe. Ich weiß, man spricht heute von der Verantwortung der Physiker. Wir haben es auf einmal mit der Furcht zu tun und werden moralisch. Das ist Unsinn. Wir haben Pionierarbeit zu leisten und nichts außer dem. Ob die Menschheit den Weg zu gehen versteht, den wir ihr bahnen, ist ihre Sache, nicht die unsrige.

EINSTEIN: Zugegeben. Wir haben Pionierarbeit zu leisten. Das ist auch meine Meinung. Doch dürfen wir die Verantwortung nicht ausklammern. Wir liefern der Menschheit gewaltige Machtmittel. Das gibt uns das Recht, Bedingungen zu stellen. Wir müssen Machtpolitiker werden, weil wir Physiker sind. Wir müssen entscheiden, zu wessen Gunsten wir unsere Wissenschaft anwenden, und ich habe mich entschieden. Sie dagegen sind ein jämmerlicher Ästhet, Kilton. Warum kommen Sie dann nicht zu uns, wenn Ihnen nur an der Freiheit der Wissenschaft gelegen ist? Auch wir können es uns schon längst nicht mehr leisten, die Physiker zu bevormunden. Auch wir brauchen Resultate. Auch unser politisches System muß der Wissenschaft aus der Hand fressen.

NEWTON: Unsere beiden politischen Systeme, Eisler, müssen jetzt vor allem Möbius aus der Hand fressen.

EINSTEIN: Im Gegenteil. Er wird uns gehorchen müssen. Wir beide halten ihn schließlich in Schach.

NEWTON: Wirklich? Wir beide halten wohl mehr uns in Schach. Unsere Geheimdienste sind leider auf die gleiche Idee gekommen. Machen wir uns doch nichts vor. Überlegen wir doch die unmögliche Lage, in die wir dadurch geraten sind. Geht Möbius mit Ihnen, kann ich nichts dagegen tun, weil Sie es verhindern würden. Und Sie wären hilflos, wenn sich Möbius zu meinen Gunsten entschlösse. Er kann hier wählen, nicht wir.

Einstein erhebt sich feierlich.

EINSTEIN: Holen wir die Revolver.

Newton erhebt sich ebenfalls.

NEWTON: Kämpfen wir.

Newton holt die beiden Revolver hinter dem Kamingitter, gibt Einstein dessen Waffe.

EINSTEIN: Es tut mir leid, daß die Angelegenheit ein blutiges Ende findet. Aber wir müssen schießen. Aufeinander und auf die Wärter ohnehin. Im Notfall auch auf Möbius. Er mag der wichtigste Mann der Welt sein, seine Manuskripte sind wichtiger.

MÖBIUS: Meine Manuskripte? Ich habe sie verbrannt.

Totenstille.

EINSTEIN: Verbrannt?

MÖBIUS *verlegen:* Vorhin. Bevor die Polizei zurückkam. Um sicherzugehen.

Einstein bricht in ein verzweifeltes Gelächter aus.

EINSTEIN: Verbrannt.

Newton schreit wütend auf.

NEWTON: Die Arbeit von fünfzehn Jahren.

EINSTEIN: Es ist zum Wahnsinnigwerden.

NEWTON: Offiziell sind wir es ja schon.

Sie stecken ihre Revolver ein und setzen sich vernichtet aufs Sofa. (...)

Möbius steht auf.

MÖBIUS: Wir sind drei Physiker. Die Entscheidung, die wir zu fällen haben, ist eine Entscheidung unter Physikern. Wir müssen wissenschaftlich vorgehen. Wir dürfen uns nicht von Meinungen bestimmen lassen, sondern von logischen Schlüssen. Wir müssen versuchen, das Vernünftige zu finden. Wir dürfen uns keinen Denkfehler leisten, weil ein Fehlschluß zur Katastrophe führen müßte. Der Ausgangspunkt ist klar. Wir haben alle drei das gleiche Ziel im Auge, doch unsere Taktik ist verschieden. Das Ziel ist der Fortgang der Physik. Sie wollen ihr die Freiheit bewahren, Kilton, und streiten ihr die Verantwortung ab. Sie dagegen, Eisler, verpflichten die Physik im Namen der Verantwortung der Machtpolitik eines bestimmten Landes. Wie sieht nun aber die Wirklichkeit aus? Darüber verlange ich Auskunft, soll ich mich entscheiden.

NEWTON: Einige der berühmtesten Physiker erwarten Sie. Besoldung und Unterkunft ideal, die Gegend mörderisch, aber die Klimaanlagen ausgezeichnet.

MÖBIUS: Sind diese Physiker frei?

NEWTON: Mein lieber Möbius. Diese Physiker erklären sich bereit, wissenschaftliche Probleme zu lösen, die für die Landesverteidigung entscheidend sind. Sie müssen daher verstehen –

MÖBIUS: Also nicht frei.

Er wendet sich Einstein zu.

MÖBIUS: Joseph Eisler. Sie treiben Machtpolitik. Dazu gehört jedoch Macht. Besitzen Sie die?

EINSTEIN: Sie mißverstehen mich, Möbius. Meine Machtpolitik besteht gerade darin, daß ich zugunsten einer Partei auf meine Macht verzichtet habe.

MÖBIUS: Können Sie die Partei im Sinne Ihrer Verantwortung lenken, oder laufen Sie Gefahr, von der Partei gelenkt zu werden?

EINSTEIN: Möbius! Das ist doch lächerlich. Ich kann natürlich nur hoffen, die Partei befolge meine Ratschläge, mehr nicht. Ohne Hoffnung gibt es nun einmal keine politische Haltung.

MÖBIUS: Sind wenigstens Ihre Physiker frei?

EINSTEIN: Da auch sie für die Landesverteidigung …

MÖBIUS: Merkwürdig. Jeder preist mir eine andere Theorie an, doch die Realität, die man mir bietet, ist dieselbe: ein Gefängnis. Da ziehe ich mein Irrenhaus vor. Es gibt mir wenigstens die Sicherheit, von Politikern nicht ausgenützt zu werden.

EINSTEIN: Gewisse Risiken muß man schließlich eingehen.

MÖBIUS: Es gibt Risiken, die man nie eingehen darf: Der Untergang der Menschheit ist ein solches. Was die Welt mit den Waffen anrichtet, die sie schon besitzt, wissen wir, was sie mit jenen anrichten würde, die ich ermögliche, können wir uns denken. Dieser Einsicht habe ich mein Handeln untergeordnet. Ich war arm. Ich besaß eine Frau und drei Kinder. Auf der Universität winkte Ruhm, in der Industrie Geld. Beide Wege waren zu gefährlich. Ich hätte meine Arbeiten veröffentlichen müssen, der Umsturz unserer Wissenschaft und das Zusammenbrechen des wirtschaftlichen Gefüges wären die Folgen gewesen. Die Verantwortung zwang mir einen anderen Weg auf. Ich ließ meine akademische Karriere fahren, die Industrie fallen und überließ meine Familie ihrem Schicksal. Ich wählte die Narrenkappe. Ich gab vor, der König

Salomo erscheine mir, und schon sperrte man mich in ein Irrenhaus.
NEWTON: Das war doch keine Lösung!
MÖBIUS: Die Vernunft forderte diesen Schritt. Wir sind in unserer Wissenschaft an die Grenzen des Erkennbaren gestoßen. Wir wissen einige genau erfaßbare Gesetze, einige Grundbeziehungen zwischen unbegreiflichen Erscheinungen, das ist alles, der gewaltige Rest bleibt Geheimnis, dem Verstande unzugänglich. Wir haben das Ende unseres Weges erreicht. Aber die Menschheit ist noch nicht so weit. Wir haben uns vorgekämpft, nun folgt uns niemand nach, wir sind ins Leere gestoßen. Unsere Wissenschaft ist schrecklich geworden, unsere Forschung gefährlich, unsere Erkenntnis tödlich. Es gibt für uns Physiker nur noch die Kapitulation vor der Wirklichkeit. Sie ist uns nicht gewachsen. Sie geht an uns zugrunde. Wir müssen unser Wissen zurücknehmen, und ich habe es zurückgenommen. Es gibt keine andere Lösung, auch für euch nicht.
EINSTEIN: Was wollen Sie damit sagen?
MÖBIUS: Ihr müßt bei mir im Irrenhaus bleiben.
NEWTON: Wir?
MÖBIUS: Ihr beide.
Schweigen.
NEWTON: Möbius! Sie können von uns doch nicht verlangen, daß wir ewig –
MÖBIUS: Ihr besitzt Geheimsender?
EINSTEIN: Na und?
MÖBIUS: Ihr benachrichtigt eure Auftraggeber. Ihr hättet euch geirrt. Ich sei wirklich verrückt.
EINSTEIN: Dann sitzen wir hier lebenslänglich. Gescheiterten Spionen kräht kein Hahn mehr nach.
MÖBIUS: Meine einzige Chance, doch noch unentdeckt zu bleiben. Nur im Irrenhaus sind wir noch frei. Nur im Irrenhaus dürfen wir noch denken. In der Freiheit sind unsere Gedanken Sprengstoff.
NEWTON: Wir sind doch schließlich nicht verrückt.
MÖBIUS: Aber Mörder.
Sie starren ihn verblüfft an.
NEWTON: Ich protestiere!
EINSTEIN: Das hätten Sie nicht sagen dürfen, Möbius!
MÖBIUS: Wer tötet, ist ein Mörder, und wir haben getötet. Jeder von uns hatte einen Auftrag, der ihn in diese Anstalt führte. Jeder von uns tötete seine Krankenschwester für einen bestimmten Zweck. Ihr, um eure geheime Mission nicht zu gefährden, ich, weil Schwester Monika an mich glaubte. Sie hielt mich für ein verkanntes Genie. Sie begriff nicht, daß es heute die Pflicht eines Genies ist, verkannt zu bleiben. Töten ist etwas Schreckliches. Ich habe getötet, damit nicht ein noch schrecklicheres Morden anhebe. Nun seid ihr gekommen. Euch kann ich nicht beseitigen, aber vielleicht überzeugen? Sollen unsere Morde sinnlos werden? Entweder haben wir geopfert oder gemordet. Entweder bleiben wir im Irrenhaus, oder die Welt wird eines. Entweder löschen wir uns im Gedächtnis der Menschen aus, oder die Menschheit erlischt.

Friedrich Dürrenmatt:
„Die Physiker"

Glossar

Arsenal: Zeughaus, Geräte- und Waffenlager.

Astronom: Wissenschaftler, der sich mit den Phänomenen im Kosmos befaßt.

Collegio Romano: Vereinigung der Jesuiten in Rom; spielte in der Kirchengemeinde in wissenschaftlichen Fragen eine entscheidende Rolle.

Heliozentrisch: Die Sonne (gr. helios) befindet sich im Mittelpunkt (lat. centrum) des Planetensystems. Im Gegensatz dazu: das **geozentrische** Weltsystem mit der Erde im Zentrum.

Inquisition: Kirchliche Untersuchungsbehörde zur Bekämpfung von Irrlehren. Im Mittelalter und der Renaissance eine der mächtigsten – und gefürchtetsten – Organisationen im Einflußbereich der katholischen Kirche.

Kleriker: Angehöriger des geistlichen Standes, im Mittelalter und der Renaissance allgemeine Bezeichnung für Gelehrte.

Konkav: Wie ein Teller nach innen gewölbt.

Konvex: Wie ein Ball nach außen gewölbt.

Mediceische Gestirne: Die vier von Galilei entdeckten Jupitermonde.

Planet: „Wandelstern". Himmelskörper, der die Sonne – bzw. im geozentrischen System die Erde – umkreist.

Trabant: Kleiner Begleiter eines Planeten, Mond.

Zehnerrat: Kontrollorgan der Regierung der Republik von Venedig, 1310 gegründet.

Zirkel: Zur Zeit Galileis ein Instrument, mit dem mittels eingravierter Skalen versch. Arten von Berechnungen durchgeführt werden konnten.

Kleine Auswahl der weiterführenden Literatur

Biographien

Walter Brandmüller, Galilei und die Kirche oder Das Recht auf Irrtum, Regensburg 1982
Albrecht Fölsing, Galileo Galilei. Prozeß ohne Ende, München und Zürich 1988
Johannes Hemleben, Galileo Galilei, Reinbek bei Hamburg 1989
Rudolf Kraemer-Badoni, Galileo Galilei, München und Berlin 1983
Pietro Redondi, Galilei – der Ketzer, München 1989
Ernst Schmutzer und Wilhelm Schütz, Galileo Galilei, o. O. 1989

Astronomie

Hans Blumenberg, Die Genesis der Kopernikanischen Welt, Frankfurt/Main 1975
Johann Dorschner (u. a.), Astronomie vom Altertum bis heute, Frankfurt/Main 1975
Hans Ch. Freiesleben, Galileo Galilei. Physik und Glaube an der Wende zur Neuzeit, o. O. 1969
Dieter B. Herrmann, Geschichte der modernen Astronomie, Köln 1988
Jürgen Teichmann, Wandel des Weltbildes. Astronomie, Physik und Meßtechnik in der Kulturgeschichte, Darmstadt 1983
Erhard Keppler, Sonne, Mond und Planeten. Was geschieht im Sonnensystem? München und Zürich 1982
Karl Schaifers und Gerhard Traving, Meyers Handbuch Weltall, Mannheim, Wien und Zürich 1984
Werner Büdeler, Faszinierendes Weltall. Das moderne Weltbild der Astronomie, Stuttgart 1981
A. Unsöld und B. Baschek, Der neue Kosmos, Berlin, Heidelberg und New York 1988
David Baker, Der Kosmos-Sternführer. Planeten, Sterne, Galaxien, Stuttgart 1985
Patrick Moore (u. a.), Atlas des Sonnensystems. Veröffentlicht in Zusammenarbeit mit der Royal Astronomical Society, Freiburg, Basel, Wien 1985
Günter Dietmar Roth, Handbuch für Sternenfreunde. Wegweiser für die praktische Arbeit, Berlin, Heidelberg, New York 1981

Verwendete Literatur

Galileo Galilei: Dialog über die beiden hauptsächlichen Weltsysteme, Darmstadt 1985
Galileo Galilei: Unterredungen und mathematische Demonstrationen, Darmstadt 1985
Galileo Galilei: Sidereus Nuncius, herausgegeben und eingeleitet von Hans Blumenberg, stw 337, © Suhrkamp Verlag Frankfurt am Main 1980. „Astronomische Mitteilung".
Claudius Ptolemäus: Handbuch der Astronomie, © BSB B. G. Teubner Verlagsgesellschaft Leipzig, 1963
Nikolaus Kopernikus: Über die Kreisbewegungen der Himmelskörper. Berlin 1959
Gustav Schwab: Dädalos und Ikaros, aus: Sagen des klassischen Altertums, Stuttgart 1838 – 1840
J.W. von Goethe: Faust (Urfaust), Berlin 1978
Bertolt Brecht: Arbeitsjournal, aus: Arbeitsjournal I und II, © Suhrkamp Verlag Frankfurt am Main 1973, S. 41, 388, 646, 747, 755.
Heinar Kipphardt: In der Sache J. Robert Oppenheimer, © Pia Kipphardt
Friedrich Dürrenmatt: Die Physiker. Neufassung 1980, © 1980 by Diogenes Verlag AG Zürich

Bildnachweise

Umschlag

Deckblatt: Astronomische Beobachtung. Gemälde von D. Creti (1671 – 1749). Rom, Pinacoteca naz.
Buchrücken: Das kopernikanische Weltbild. In: Himmelsatlas von Cellarius, 1660.
Rückseite: Astrolab mit den Tierkreiszeichen. Stich in: P. Apianus, Astronomicum Caesarium, 1540.

Vorspann
1 – 11 Der Prozeß Galileis. Originalillustrationen von C. Jégou.
13 Der Astronom. Stich aus dem 15. Jh.

Erstes Kapitel
14 Venedig aus der Vogelschau: Die Piazza San Marco (Ausschnitt). Gemälde des 17. Jh. Versailles, Musée nat. du château.
15 Venedig. Zeichnung. Paris, Gallimard.
16 Kleine Gewerbe in Venedig. Anon. Stich, 18. Jh. Paris, Bibl. des Arts décoratifs.
16 (unten) Zeichnung eines Flaschenzugs. In: Dialoghi delle Nuove Scienze, 1632, Kopie eines Manuskripts von Galilei. Florenz, Bibl. naz.
16/17 Bau eines Schiffes im Arsenal von Venedig. Anon. Gemälde, 17. Jh. Venedig, Museo Correr.
18/19 Morosinis Ankunft in Venedig. Gemälde, 17. Jh. Ebd.
20 Marktschreier und Komödianten in Venedig. Anon. Stich, 17. Jh. Paris, Musée Carnavalet.
21 (unten) Les Lunettes. Stich von Jan Stradanus. Paris, Bibl. nat.
21 (oben) Bildnis Galileis. Stich von G. Calendi (tätig um 1800) nach einem Gemälde von Santi di Tito. In: De Melli, Vita e Commercio Litterario de Galilei, Lausanne 1793.
22 Astrolab zur Bestimmung der Tagesdauer und des astronomischen Zeitpunkts, an dem sich bestimmte Ereignisse zugetragen haben. Stich in: P. Apianus, a. a. O.
23 Astrolab zur Messung der Schatten von Erde und Mond während der Verfinsterungen. Stich. Ebd.
24 Astrolab mit den Tierkreiszeichen. Stich. Ebd.
25 Astrolab zur Bestimmung der Position Saturns im Tierkreis. Stich. Ebd.
26 Titelseite einer handgeschriebenen Kopie von Galileis Buch „Le operazione del Compasso Geometrico e militare". Florenz, Bibl. naz.
26/27 Der geometrische Kompaß von Galileo. Foto: Museo di Storia della Scienza, Florenz.
27 Die Astronomie. Illustration eines Werkes von A. Macrobius. Holzschnitt, 1513.
28/29 Das ptolem. Weltbild. In: Cellarius, a. a. O.
29 Bildnis des Ptolemäus. Anon. Stich, 18. Jh. Paris, Bibl. nat.
30/31 Das kopernikanische Weltbild. In: Cellarius, a. a. O.
31 Bildnis des Kopernikus. Anon. Stich, 18. Jh. Paris, Bibl. nat.
32/33 Das Weltbild des T. Brahe. In: Cellarius, a. a. O.
33 Bildnis des T. Brahe. Anon. Stich.

Zweites Kapitel
34 Vorsatzblatt der Harmonia macrocosmica von Schenk und Valk. Kupferstich des 17. Jh. Paris, Bibl. nat.
35 Bildnis des Kopernikus. Anon. Stich.
36 G. Bruno. Anon. Stich nach der Statue von E. Ferrari (1883) in Rom.
38/39 Galilei führt den Dogen das Fernrohr vor. Originalillustration von C. Jégou.
40/41 Gesamtansicht von Venedig. Stich in: G. Braun und F. Hogenberg, Civitates orbis terrarum, 1572. Paris, Bibl. nat.
42/43 Teleskop und andere von Galilei benutzte Instrumente, ausgestellt auf der Terrasse von San Marco. Foto: E. Lessing.
44 Galileis Arbeitstisch. Foto: Ders.
45 Galileis Katheder in Padua. Foto: Ders.
46 Auf der Spitze des Schiefen Turms in Pisa. Foto: Ders.
47 Ansicht des Schiefen Turms in Pisa. Foto: Ders.
48/49 Galileis Zimmer in Florenz. Foto: Ders.

Drittes Kapitel
50 Astronom. Beobachtung. Gemälde von D. Creti (1671 – 1749). Rom, Pinacoteca Vaticana.
51 Fernrohre Galileis. Florenz, Museo di Storia della Scienza.
52 Die Mondphasen. Zeichnung von Galilei in: Sidereus Nuncius, 1610. Florenz, Bibl. naz.
53 Foto vom Mond der Apollo-11-Mission. Washington, NASA.
54/55 Die Mondphasen. Stich in: Cellarius, a. a. O.
55 Galilei, die Mondphasen beobachtend. Anon. Stich.
57 (oben) Die Mondphasen. Stich in: Sidereus Nuncius, Bologna 1655. Paris, Bibl. nat.
57 (unten) Das aschfarbene Mondlicht. In: C. Flammarion, Astronomie populaire, 1880 – 1882. Paris, Bibl. nat.
58/59 Aufgang der Erde. Washington, NASA.
60/61 Krater auf der Mondoberfläche. Ebd.
62/63 Ansicht der abgewandten Seite des Mondes. Apollo-11-Mission. Ebd.
64/65 Felsen auf der Mondoberfläche. Ebd.
66/67 Die Milchstraße. Ebd.
66 (unten) Die Konstellation des Orion. Zeichnung von Galilei. In: Sidereus Nuncius, 1610. Paris, Bibl. nat.
69 Planetenallegorie: Jupiter. Anon. Stich. Ebd.

Viertes Kapitel
70 Deckblatt des Sidereus Nuncius, 1610. Ebd.
71 Emblem der Medici mit den Mediceischen Gestirnen. Zeichen der bei P. Cecconcelli gedruckten Bücher. Ebd.
72 Fiesole bei Florenz. Anon. Stich, 19. Jh.
73 Heinrich IV. übergibt die Regierung an Maria de' Medici. Gemälde von P. P. Rubens (1621 – 1625). Paris, Musée du Louvre.
74/75 Der Versuch mit der schiefen Ebene. Fresko von G. Bezzuoli (1784 – 1855). Florenz, Museo di Fisica e di Storia naturale.
76/77 Karte von Italien. Ende 17. Jh. Venedig, Dogenpalast, Kartensaal.
79 Die Astronomie, Allegorie. Stich von A. M. Wolfgang nach J. Degler, 18. Jh.
80/81 Ansicht von Florenz. In: G. Braun, Theatrum Urbium, 1572. Paris, Bibl. nat.

80 (unten) Bildnis Keplers. Gemälde. Ebd.
82/83 Jupiter. Foto, aufgenommen von der Sonde Voyager 2. Washington, NASA.
83 (oben) Jupiter. Ebd.
84/85 Ganymed. Ebd.
85 (oben) Europa. Ebd.
85 (Mitte) Io. Ebd.
85 (unten) Callisto. Ebd.
86/87 Die Ringe des Saturn. Ebd.
87 Saturn. Ebd.
88 Christiaan Huyghens. Stich von Edelinck.
89 (oben) Die Ringe des Saturn. Stich in: C. Huyghens, Systema Saturni, 1659. Paris, Bibl. de l'Observatoire.
89 (unten) Beobachtung des 24. Februar. Stich in: C. Huyghens, a. a. O.
91 (oben und unten) Vergleichende Darstellung von Form und Größe der Venusphasen. Stich in: C. Flammarion, a. a. O.
91 (Mitte) Die Venusphasen. Fotomontage. Paris, Gallimard.
92/93 Die Piazza del Duomo in Florenz. Stich von J. Callot (1593 – 1635). Paris, Bibl. nat.

Fünftes Kapitel
94 Messe in St. Peter in Rom. Anon. Aquarell, 18. Jh. Paris, Bibl. des Arts décoratifs.
95 Brunnen auf der Piazza Navona in Rom. Anon. Stich, 18. Jh. Paris, Bibl. nat.
96 (oben) Bildnis des F. Cesi, des Gründers der Accademia dei Lincei. Gemälde. Rom, Palazzo Orsini.
96 (unten) Bildnis des Papstes Paul V. Borghese. Gemälde. Versailles, Musée national du château.
97 Emblem der Mitglieder der Accademia dei Lincei. Anon. Zeichnung. Archiv der Accademia dei Lincei.
98 Bildnis des Kardinals Bellarmin. Stich von F. Villamena, 1604. Paris, Bibl. nat.
99 Die Inquisition. Stich von Picart, 1725. Paris, Bibl. des Arts décoratifs.
100 Bildnis von Cosimo II. Stich von J. Callot (1593 – 1635). Paris, Bibl. nat.
101 Maffeo Barberini. Anon. Stich, 1606. Ebd.
102 – 105 Das Sonnensystem. Originalillustration von P.-M. Valat.
106 (oben) Die Planeten des Sonnensystems. Originalillustration von P.-M. Valat.
106/107 Darstellungen der Sonne. Stich in: C. Scheiner, De Maculis Solaribus, 1612. Paris, Bibl. de l'Observatoire.
107 Darstellungen der Sonnenflecken. Stich in: C. Scheiner, a. a. O.

Sechstes Kapitel
108 Franca Trippa. Stich von J. Callot (1593 – 1635). Paris, Bibl. nat.
109 Der Palazzo Vecchio. Anon. Stich, 19. Jh.
110 Bildnis der Christine von Lothringen. Gemälde von S. Pulzone (vor 1550 – 1598). Florenz, Museo Mediceo.
113 Das Konzil von Trient. Gemälde aus der Schule Tizians. Paris, Musée du Louvre.
114/115 Galilei, die Mathematik, die Optik und die Physik verehrend. Stich von Dozza, 1655.
116/117 Ansicht der Piazza del Popolo in Rom. Stich von W. Cavalier. Paris, Bibl. nat.

Siebtes Kapitel
118 Kopie des zweiten Galileibildnisses von J. Sustermans. Gemälde, 1640. Florenz, Palazzo Pitti.
119 Die Engelsburg in Rom. Zeichnung von C. Lorrain. Chantilly, Musée Condé.
120/121 Eine Buchhandlung. Anon. Stich, 17. Jh.
122 Deckblatt der „Goldwaage". Stich von Villamena, 1623. Paris, Bibl. nat.
123 „Dialogue sur les deux principaux systemes du monde". Frontispiz.
124/125 Der Prozeß Galileis. Gemälde. Paris, Edimédia.
126 Zeichnungen aus der handschriftlichen Kopie der „Unterredungen über zwei neue Wissenszweige", 1638. Florenz, Bibl. naz.
127 Handschriftliche Kopie der „Unterredungen über zwei neue Wissenszweige", 1632. Ebd.
128 Galilei und seine Schüler. Gemälde des 19. Jh. Paris, Gallimard.

Zeugnisse und Dokumente
129 Bildnis Galileis. Zeichnung von Ottavio Mario Leoni, 1624. Paris, Musée du Louvre.
130 Astrolab. Ende 16. Jh., zweifellos von Galilei benutzt. Florenz, Museo di Storia della Scienza.
133 Die Venus als Sichel. Foto: G. Nemec.
135 Partielle Sonnenfinsternis vom 20. Juli 1987. Foto: M. und N. Zacharias.
136 Teleskop. Foto: Kitt Peak National Observatory, Tucson.
139 Beginn des „Sidereus Nuncius". Handschrift Galileis.
142 Die Plejaden. Zeichnung von Galilei in: Sidereus Nuncius, 1610. Paris, Bibl. nat.
143 Sternhaufen Praesepe. Foto: M. Sulzer.
144 Galileo Galilei. Holzschnitzerei im Ulmer Münster. Foto: M. Sulzer.
146 Nikolaus Kopernikus. Zeitgenössischer Stich.
148 Der Sturz des Ikarus. Stich von Christoph Meckel. © Christoph Meckel.
150 „Historia von D. Johann Fausten". Holzschnitt von 1588.
153 „Leben des Galilei". Szenenfoto vom Theater am Schiffbauerdamm, Berlin.
156 B. Brecht. Foto: K. Völker, Berlin.
157 A. Einstein und J. R. Oppenheimer. Foto: © 1987 Verlag Moos und Partner GmbH & Co., Gräfelfing.
159 F. Dürrenmatt. Foto: © Diogenes Zürich.

Register

Inhalt